塾、中学、高校、大学での授業経験者が語る

日本の英語教育のゆくえ

An Experienced Teacher Speaks Out
on the Future of English Education in Japan

土屋 進一
Tsuchiya Shinichi

塾、中学、高校、大学での授業経験者が語る

日本の英語教育のゆくえ

はじめに

　近年、社会は目まぐるしい速度で急速に変化を遂げています。教育界における変化もまた同様であり、多くの人々がその変化に注目しています。特に英語教育は、学校関係者だけでなく、広く一般社会においても重要なトピックとして関心が高まっています。インターネットの普及により、パソコンやスマートフォンを用いて誰もがどこでも手軽に英語学習ができる時代になりました。これにより、学校の教師だけでなく、説明力に長けた一般の人々による「授業」が新たな学習リソースとしても台頭してきています。

　私は長年にわたり、民間教育産業（学習塾）や中学・高等学校、そして大学で、幅広い年齢層の学習者に英語を教えてきました。特に、21年間にわたって勤めた高等学校での英語教育の変化のスピードは顕著であり、自分自身が教育現場での実践を通じて築いた指導法の変化や英語教育の視点は、教育関係者だけでなく広くさまざまなバックグラウンドを持つ読者の方々にも興味深いものとなると思っています。

　本書では、私の英語教育のキャリアを通じて、過去30年にわたる英語教育の変遷、現在の最新動向、そして将来の展望について論じています。学校関係者のみならず、英語教育に興味がある方や、効果的な学習法を模索している方々にもぜひお読みいただければ幸いです。

本書の活用方法

　本書は、筆者の経験に基づき、英語教育の30年間の変遷、現代の教育実践、そして将来の展望を網羅しています。各章ごとに異なるテーマが設けられており、読者の方のニーズに応じて自由に読み進められる構成となっています。以下に、各章の内容に沿った効果的な読み進め方をご案内します。

「第1部　英語教育30年の変遷」では、1990年代から2010年代までの英語教育の変遷を時代ごとに分け、主要な教育手法や指導理論を振り返っています。この第1部では、英語教育に携わる教師や教育関係者が、それぞれの時代にどのような方法が効果的だったかを学び、現在の指導に生かせる知見を得ることができます。特にコラムでは、時代ごとの効果的な学習方法が整理されているので、実践的なヒントを得たい方はコラムに注目しながら読み進めてください。

　第1章では、文法訳読法が主流だった1990年代を取り上げ、従来の「読んで訳す」スタイルを反省的に捉えています。次の第2章では、「訳して読んで」の音読を取り入れた2000年代前半のさまざまな教育方法と学習方法が紹介されています。

　第3章では、アウトプット活動に重点を置いた2000年

代後半の指導方法、続く第4章では、4技能5領域統合型の指導法・学習法が解説されており、プレゼンテーションやディベートを活用する授業モデルが具体的に示されています。

第5章では、2010年代後半に到来したアクティブラーニングの動向を学びます。学習者主体の教育が求められる現代において、この内容は特に重要です。

第6章では、デジタル化とICT活用の台頭に触れ、現代の教育におけるテクノロジーの役割を考えます。それぞれの章を通して、時代ごとの英語教育の進化を確認し、現在の授業にどう応用できるかを考えてみてください。

「第2部　2020年代英語教育の現在 ～中学・高校・大学での授業実践より～」では、筆者自身の実践を基に、2020年代における英語教育の現状が紹介されています。特に、コロナ禍を経て大きく変化した授業スタイルや、内容を通して英語を学ぶCLILや他教科と英語を連携させる教科横断型授業など、実践的な指導法が詳しく解説されています。この第2部は、具体的な事例や授業モデルが多く含まれているため、教育現場での即時的な実践を考えている教員の方にとって特に有益です。

第1章のオンライン授業では、コロナ禍で確立されたリモート学習の成功例や課題を紹介し、オンライン教育に関心のある方には必見です。第2章は、新学習指導要領に

よって大きく変わった中学校の学習内容を具体的な事例を通して紹介しています。第3章から第5章では、CLILや教科横断型授業、探究型・PBL型授業の実践を解説しており、これらは学校現場での実践の参考資料として活用できます。

第6章から第8章では、国際バカロレアやグローバル・コンピテンス・プログラムといったグローバル教育の最新事例や、生徒一人ひとりの学びを最大化する個別最適化型授業の導入方法、そして、生徒の学習意欲を引き出すエンゲージメント理論を基にした授業設計について詳しく解説しています。これらの章では、学びの多様化と深まりを目指した実践的な取り組みが紹介されており、グローバル教育や個別指導に興味のある教員の方にとって特に有益です。

第9章では、英語教育における生徒のウェルビーイングに焦点を当て、学力向上と生徒の心身の健康や意欲を両立させる学習環境の整備について具体例を交えながら論じています。

各章を通じて、最新の教育理論と実践例を学びながら、生徒一人ひとりの学びと成長を支える授業のヒントを得ていただけたら幸いです。

「第3部　英語教育のゆくえ」では、未来の英語教育がどのように進化していくかについての考察がなされていま

す。グローバル化に伴う英語学習のあり方や、AI技術の進展と教育の共存など、今後の教育の展望を示しています。この第3部は、教育者として将来を見据えた指導計画を立てるために読んでいただくことを推奨します。

第1章では、グローバル英語の概念を学び、英語教育が国際的にどのように変わるかを理解します。第2章では、英語教育の二極化に関する議論があり、生徒に合わせた選択制の教育モデルを検討する際に参考になります。第3章では、生成AIの発展と教育の融合について触れ、今後の英語教育におけるAI技術の役割を考察しています。

第4章では、英語教育とエモーショナル・インテリジェンス（EQ）の育成について考察し、言語学習における感情の重要性や、自己認識、自己管理、対人スキルを育む方法について探ります。エモーショナル・インテリジェンスを取り入れた指導が、生徒の学習効果やコミュニケーション能力をどのように向上させるかに焦点を当てます。

第5章では、未来の教室と学びのデザインに関する展望を示し、テクノロジーの活用や学習環境の変化が英語教育に与える影響を検討します。柔軟な学習スペースの設計や、個別化された学びを実現するためのアプローチについて議論し、今後の教育に必要な視点を提供します。

英語教育の未来に関心がある方や、学校のカリキュラム改革を考えている方にとって、この第3部は大変参考になる内容となっています。全体を通して、コラムも併せて読

むことで、各時代の学習法を比較しながらより効果的な指導法を見出すことができるでしょう。本書を活用し、現代の教育に応じた効果的な指導や英語学習についてのヒントとなれば幸いです。

目次

はじめに ……………………………………………………… 2

第1部 英語教育30年の変遷

第1章 「読んで訳して」文法訳読の1990年代 ……………… 14
第2章 「訳して読んで」音読重視の2000年代前半 ………… 18
第1節 Oral Approachの導入 ……………………………… 19
第2節 さまざまな音読方法 ………………………………… 21
リピーティング／オーバーラッピング／シャドーイング／
リード・アンド・ルックアップ／サイトトランスレーション
第3節 高知西高校から始まった「和訳先渡し方式」とは …… 25
第4節 理解可能なインプットとクラッシェンのInput仮説理論 … 27
Input仮説の概要／Natural Approachの理念と実践／
音読との関連性／アウトプット重視の時代への橋渡し

効果的な英語学習Ⅰ …………………………………………… 31

COLUMN 野球と英語学習に見る意外な共通点 ………………… 32

第3章 アウトプット活動重視の2000年代後半 ……………… 35
SELHi（スーパー・イングリッシュ・ランゲージ・ハイスクール）プログラム／
CLT（コミュニカティブ・ランゲージ・ティーチング）／
TBLT（タスクに基づく言語指導）

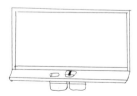

第4章 4技能5領域統合型の2010年代前半 ………… 43

第1節 4技能5領域統合型教育の背景 ………… 43

第2節 4技能5領域統合型の効果的な指導法・学習法 ………… 45

ディクテーション／ディクトグロス／リテリング・リプロダクション／
オールイングリッシュ／プレゼンテーション／ディベート・ディスカッション／
Sherpa プロジェクト（Senior High English Reform Project ALC）／
TANABU Model

COLUMN 英語プレゼンテーションが育む力 ………… 60
　　～ Sさんのお守りの秘密～

4技能5領域統合型授業実践例① ………… 61
SDGs ×英語のプレゼンテーション

4技能5領域統合型授業実践例② ………… 63
ピンポン・ディベート

効果的な英語学習Ⅱ ………… 66

第5章 アクティブラーニング到来の2010年代後半 ………… 68

第1節 アクティブラーニングの背景と広がり ………… 68

第2節 主体的・対話的で深い学び ………… 69

第3節 学習指導要領の改訂と大学入試改革 ………… 69

第4節 「5ラウンド方式」と「教えない授業」 ………… 70

アクティブラーニング型授業の実践例 ………… 75
模擬国連を取り入れた英語授業

第6章 デジタル化とICT活用の台頭 ………… 78

第1節 GIGA スクール構想 ………… 78

COLUMN 英語教育が切り開いた道 ～ S先生との出会い～ ………… 81

効果的な英語学習Ⅲ ………… 82

第2部 2020年代英語教育の現在
～中学・高校・大学での授業実践より～

第1章 コロナショックで確立した中・高のオンライン授業 ……… 86

第2章 こんなに変わった中学校の英語授業 ……… 88

第3章 内容を通じて英語を学ぶ高校のCLIL型授業 ……… 90

 CLIL型授業の実践例① ピクトグラムを活用した英語授業 ……… 91

 CLIL型授業の実践例② 国旗の色を活用した英語授業 ……… 93

第4章 他教科と英語を連携させる高校の教科横断型授業 ……… 95

 教科横断型授業の実践例① 物理×英語 ……… 96

 教科横断型授業の実践例② 古典×英語 ……… 97

 教科横断型授業の実践例③ 数学×英語 ……… 99

 教科横断型授業の実践例④ 総合問題への対応・数学×英語 …… 101

第5章 高校の探究型・PBL型授業 ……… 103

 第1節 他教科と絡めた探究型授業 ……… 103

 第2節 プロジェクトを基に進むPBL型授業 ……… 104

 探究型・PBL型授業実践例① 理数探究×英語 ……… 104

 探究型・PBL型授業実践例② マシュマロチャレンジ×英語 ……… 106

第6章 グローバル教育の最先端 ……… 109

 第1節 国際バカロレア(IB) ……… 109

 第2節 グローバル・コンピテンス・プログラム(GCP) ……… 110

第7章 一斉授業の終焉 ──高校・大学の個別最適化型授業── …… 113

 個別最適化型授業実践例①
 「ぐるぐる方式」での論理表現の英語授業 (高校) ……… 115

 個別最適化型授業実践例②
 「ぐるぐる方式」で瞬間英作文 (大学) ……… 118

第8章 エンゲージメント理論に基づく中・高の授業 ··············· 120

第9章 英語教育と生徒のウェルビーイング ·········· 123

効果的な英語学習Ⅳ ········ 127

COLUMN Grit を伝え続けた先に ～Y君からのメッセージ～············· 129

第3部 英語教育のゆくえ

第1章 グローバル英語を学ぶ ············· 132

第2章 二極化の行く末 ── 選択制英語教育 ── ········· 134

第3章 生成AIと人間の共存 ·········· 136

生成AIを活用した授業実践例
ChatGPTを取り入れた英語授業 ········· 140

第4章 英語教育とエモーショナル・
インテリジェンス(EQ)の育成 143

第5章 未来の教室と学びのデザイン 146

今後の英語学習とは ········· 148

COLUMN 変わらないもの ～K君からもらったメッセージ～ ············· 152

あとがき ········· 154

謝辞 ········· 156

参考・引用文献 ········· 157

第1部

英語教育
30年の変遷

第1章 「読んで訳して」文法訳読の1990年代

　日本における1990年代とそれ以前の英語教育は、特に高等学校において、文法訳読法が主流でした。この教授法は、テキストの英文を読み、その内容を日本語に訳すことに主眼が置かれていました。教師は授業時間の大半を英文の構造分析と文法解説に割き、生徒は文法的に正しい和訳を通じて英文を解釈することが求められました。予習として、図1のようにノートの見開きの左側に教科書本文の英文を手書きで書き写し、右側に和訳を書いてくるのが一般的でした。これは、英語の文章を構文・文法に基づいて正確に理解し、日本語に訳す能力が評価の基準となっていたためです。実際に、当時の大学入試問題もそのような英文和訳の形式の出題が圧倒的に多かったのも事実です。

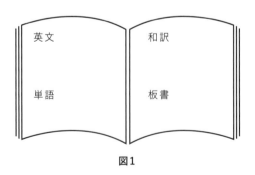

図1

当時の教科書や教材は、難解な文法事項や語彙を含んだ抽象的な文章が多く、このような英文を徹底的に解析し、理解することが英語学習の中心でした。生徒たちは授業中に教師の模範音読もないまま英文を「音読」させられ、事前に予習してきた和訳（試訳）を発表することが求められました。たいてい、机の並び順か出席番号順に指名されることが多く、きちんと予習してきた生徒が、予習してこなかった生徒に直前にノートを貸し、難を逃れるという悪行が横行していました（私はノートを貸す生徒でした）。この方法は、英語の文法や構文の理解を深めるためには有効でしたが、コミュニケーション能力の育成にはほとんど寄与しないという課題がありました。

　この時代は、教師が一方的に知識を伝える形式が主流であり、生徒たちは英語を話すことはほとんどなく、静かに教師の解説を聞くことが常でした。教師もほとんど英語を話さず、授業展開は、日本語で解説をするのが一般的で、教師が黒板に文章を書き、色チョークを用いて、名詞や形容詞、副詞などの品詞、句や節をカッコでくくり、色分けしながら、一つ一つ丁寧に解説し、生徒たちはそれをノートに書き写すという形が一般的でした。教師の役割は、文法事項の解説や訳読の技術を教え、生徒たちが正確に訳すことができるように指導することでした。その点においては、英語の流暢さよりも日本語の「流暢さ」が、当時の英語教師に求められていたことかもしれません。実際に、当

第1章　「読んで訳して」文法訳読の1990年代　15

時の教室では、「先生、もう一度訳を言ってください」という生徒の発言が多く、教師の一度目の訳と二度目の訳が少しでも異なると、生徒が教師をとがめる姿をよく目にしました。このように、英語の授業でありながら、生徒は、英語よりも教師の言う和訳を書き取るのに躍起になって日本語を話したり書いたりすることが常である授業でした。

文法訳読法のメリットとデメリット

　文法訳読法にはいくつかのメリットがありました。まず、文法規則を体系的に学ぶことができるため、英語の文法に対する理解が深まる点です。特に英語と日本語の構造の違いを分析的に読む姿勢が養われ、難解な文章を解析する過程で、論理的思考力が養われるという利点もありました。

　一方で、デメリットも存在しました。最も大きな課題は、コミュニケーション能力の育成が疎かになりがちであったことです。文法訳読法では、英語を実際に使ってコミュニケーションを行う機会が少なく、多くの生徒たちは英語を話すことや聞くことに対する抵抗感を持っていました。また、受動的な学習スタイルが主流であったため、生徒たちの主体的な学びや興味を引き出すことが難しいという問題もありました。

16　第1部　英語教育30年の変遷

教育現場での工夫

このような課題に対して、一部の教育現場ではさまざまな工夫が試みられました。例えば、オーセンティックなリスニング教材や英語の映画を授業に取り入れることで、英語の音に慣れる機会を提供する取り組みも見られました。さらに、ALT（外国語指導助手）を積極的に活用し、生徒たちがネイティブスピーカーと触れ合う機会を増やすことで、コミュニケーション能力の向上を図る学校も増えてきました。これにより、生徒たちは英語を実際に使う経験を積み、英語に対する興味や関心が高まることが期待されました。しかしながら、当時は、このような取り組みを行った学校は極めて少なく、一部の先進的な学校でのみ行われていたのも事実です。

次章では、2000年代における英語教育の変化と進展について詳しく述べていきます。

第2章 「訳して読んで」音読重視の 2000年代前半

　2000年代に入ると、英語教育は新たな方向性を模索するようになります。文法訳読法の限界が認識され始め、生徒たちのコミュニケーション能力を高めるための新しい指導法が求められるようになりました。この時期に注目されたのが、本文をきちんと訳し、内容を正確に理解した後の音読重視の指導法です。

　特に、安河内哲也氏と安木真一氏はこの音読重視の指導法において著名な教育者です。安河内氏は、音読を通じてリスニング力やスピーキング力を高めることの重要性を提唱し、予備校を含む多くの教育現場でその実践が行われるようになりました。彼の指導法は、内容理解と発音練習を両立させることを目指しており、音読を繰り返すことで言語習得の効率を向上させることを目的としています。具体的には、学習者がまず英文を正確に訳し、文全体の意味を把握したうえで、正しい発音や抑揚に注意しながら音読を行うという手法が取られます。このプロセスにより、学習者は英語の音と意味を関連付けやすくなり、自然に英語に親しむことができるような環境が提供されています。さらに、音読の際には、個々の単語の発音だけでなく、文章全体のリズムやイントネーションを意識することが重視され

ました。このような実践を通じて、学習者は発音の精度を高めるだけでなく、英語特有の音声の流れを体得することが期待されています。

　一方、安木氏は、高等学校での音読の実践を通じて生徒たちの表現力や理解力を深める方法を研究してきました。彼は特に、大学に職を移してから、音読がもたらす効果についての研究を重ね、音読が記憶の定着や音声の改善に寄与することを示しています。彼の指導法は、英語教育において音読の重要性を再認識させ、多くの教師がその実践を導入するきっかけとなりました。

　このように、安河内氏と安木氏をはじめとする多くの実践者の貢献により、音読重視の指導法は、2000年代前半の英語教育において重要な役割を果たすようになりました。

第1節 ｜ Oral Approach の導入

　オーラル・アプローチ（Oral Approach）は、20世紀中頃に提唱された英語教育の教授法で、特に言語習得の初期段階において口頭コミュニケーションを重視するアプローチです。ELEC（English Language Education Council 英語教育協議会）の当時研究部長であった山家保氏がミシガン大学に留学し、Charles C. Fries の指導を受けたことで、日本における Oral Approach の普及に大きな影響を

与えました。このアプローチの中心的な考え方は、言語がまず口頭で使用され、その後に書き言葉へと発展するという自然な言語習得のプロセスを反映している点にあります。

Friesは音声重視の教授法を提唱しており、音声的側面の習得が言語学習の基盤であると主張しました。彼のアプローチの一環として、Pattern Practice（パターンプラクティス）があり、これは特定の文型を繰り返し練習することで、学習者が自然に文法規則を体得できるようにする方法です。この手法は、学習者が正確な発音やリズムを身につけるのに役立ちます。

日本では、Oral Approachは1950年代から1960年代に中学校で導入され、多くの英語教育現場で実践されましたが、第1章でも述べたように、高等学校では文法訳読法が中心であまり多くの実践は見られませんでした。Oral Approachは、音声重視の教育法として、英語の発音やリズムを重視することが求められ、初級者が口頭でのコミュニケーション能力を身につけるための土台を形成しました。Oral Approachの主な特徴には、音声的側面に重点を置き、リピーティングやオーバーラッピングなど、音を通じて言語を学ぶことを促進する点が挙げられます。これにより、学習者は自然な発音やイントネーションを身につけることができます。また、特定の文法構造を反射的に使えるようにする目的もあり、実生活に即したタスクやシ

チュエーションを用いて、学習者が英語を使う機会を多く提供することで、教室内での学びを日常生活に応用しやすくします。

　Oral Approach は特に初級者向けの授業で効果的です。教師は簡単なフレーズを繰り返し、学習者に音読させることで、音声の流れやリズムを身につけさせます。さらに、グループ活動やペアワークを通じて、学習者同士が自由に会話を交わす時間を設けることで、実践的な言語運用能力を高めます。このように、Oral Approach は言語学習の初期段階において、言葉を生きたものとして捉え、実際に使うことを重視するアプローチです。この方法を取り入れることで、学習者は言語をより自然に、そして効果的に習得できるようになります。次節では、このアプローチが音読重視の教育方法とどのように関連しているかについて詳しく見ていきます。

第2節 │ さまざまな音読方法

　音読重視の授業では、まず教師がモデルとなって文章を音読し、生徒たちはそれを繰り返して練習するリピーティング（Repeating）という手法が行われました。リズムやイントネーションに注意しながら、文章を何度も音読することで、自然な発音を習得していきます。また、音声（当時はテープやCD）を使って、テキストを見ながら音声と

同時に音読するオーバーラッピング（Overlapping）やテキストを見ずに、音声のみを影のように追いかけて音読するシャドーイング（Shadowing）を繰り返し、インプットしたものを内在化（Intake）する方法が試みられました。さらに、ペアワークやグループワークを取り入れ、生徒同士で文章を音読し合う機会が徐々に増えていきました。相手がいる状態でアウトプット（Output）することで、単なる音読ではなく、より相手に伝わる英語を発話するよう意識し始めます。ただ、生徒が授業で培ってきた英語を駆使し、いわゆる「自分の英語」で具体的な場面・状況・目的を踏まえて相手とやり取りを行うタスクベース（Task-based）のアプローチはこの時、まだ広く普及はしていませんでした。

　ここでは、英語の音読方法に焦点を当て、解説していきたいと思います。音読は、現代でもリスニング力や発音の向上に効果的な学習法です。以下に、主な音読の種類（リピーティング、オーバーラッピング、シャドーイング、リード・アンド・ルックアップ、サイトトランスレーション）を紹介します。

リピーティング（Repeating）

　リピーティングは、音声を聴いた後にその音声を繰り返す方法です。
方法：教材の音声や教師が話す音声を聴いた後、同じフレー

ズや文を繰り返します。

目的：発音やイントネーションの確認と練習です。

効果：聴覚と発声の連動を強化し、正確な発音を身につけ
　　　るのに役立ちます。

オーバーラッピング（Overlapping）

　オーバーラッピングは、テキストの英文を見て、音声を
聴きながら同時にその音声通りに発声する方法です。

方法：教材の音声を流し、テキストを見ながら同時に自分
　　　の声でそのフレーズや文を発声します。

目的：発音、リズム、イントネーションを自然に身につけ
　　　ることを目指します。

効果：正確な発音や自然な話し方を身につけることができ、
　　　聴覚と発声の連動をさらに強化します。英語のリズ
　　　ム感を養うのに有効です。

シャドーイング（Shadowing）

　シャドーイングは、聞こえてきた音声とほぼ同時、ある
いは、少し遅れてその音声を影のように真似て話す方法で
す。テキストの英文は見ません。

方法：教材の音声を流しながら、それに続いて発声し、教
　　　材の音声を影のように少し遅れて追いながら音読を
　　　します。

目的：リスニングとスピーキングの同時訓練です。

効果：リスニング力、発音、リズム感の向上に非常に効果
　　　的です。

リード・アンド・ルックアップ（Read and Look Up）

　リード・アンド・ルックアップは、テキストを見てから
記憶を頼りに英文を話す方法です。

方法：テキストを数行読み、それを頭の中で覚えた後に、
　　　テキストを見ずに英文を話します。

目的：記憶力とスピーキング力の向上です。

効果：テキストを理解し、自然な表現で話す練習となりま
　　　す。

　これらの方法を組み合わせて練習することで、英語のリ
スニング力や発音、流暢さを総合的に向上させることがで
きます。

サイトトランスレーション（Sight Translation）

　サイトトランスレーションとは、英文テキストを見なが
らその場で即座に日本語に訳す方法です。

方法：英文テキストを読み、それを見ながら頭の中で即座
　　　に日本語に変換します。事前に訳を考えず、その場
　　　で素早く対応することが求められます。

目的：読解力と瞬時の翻訳力、さらには語彙力と表現力を
　　　鍛えることが目的です。異なる言語間での素早い処
　　　理能力を身につけることができます。

効果：テキストの内容を即座に理解し、日本語での表現力を強化する効果があります。この練習方法は、特に通訳を目指す人や複数言語を操るスピーキングスキルを向上させたい人に役立ちます。

第3節 ｜ 高知西高校から始まった 「和訳先渡し方式」とは

　2000年代初頭から高知西高校（現高知国際高校）で盛んに行われた「和訳先渡し方式」は、英語教育において独特な授業スタイルであり、日本語の和訳を事前に生徒に渡すことで、英文を読む際の理解を助ける方法です。この方式では、まず生徒がテキストの英語部分を読む前に、その内容の日本語訳を先に確認します。和訳を事前に与えることで、生徒は英文を読む際に意味を把握しやすくなり、語彙や文法の理解に集中できるようになります。これにより、生徒が英語を読み進める上での負担が軽減され、スムーズに音読などの言語活動に取り組むことができるようになるのです。

　この方式が果たした大きな役割の一つは、学習のハードルを下げ、英語学習の初期段階での挫折を減らすことにあります。多くの生徒にとって、英語の長文を読む際に、単語の意味や文法構造に悩み、全体の意味が分からなくなることがしばしばあります。しかし、和訳を事前に知ってい

ることで、生徒は英文を読みながら内容を理解できるため、英語への抵抗感を軽減し、読解の自信を深めることができました。このプロセスは、特に英語に不慣れな生徒にとって効果的であり、学習のモチベーションを維持する手段として機能しました。

　また、和訳先渡し方式のもう一つの重要な役割は、英語の構造や表現の違いを学ぶための足がかりを得られることです。日本語訳を先に読むことで、生徒は英語と日本語の違いを意識しながら、各文の構造や語順、表現方法を比較することができます。これにより、生徒は単に内容を理解するだけでなく、英語独特の表現や文法をより深く理解する機会を得ることができました。

　しかし、この方式には限界も指摘されています。和訳に頼りすぎることで、生徒が英語を直接的に理解しようとする力が弱まる可能性があるという懸念です。特に、英語を英語のまま理解する力、すなわち「直読直解」を育成するためには、和訳の補助を少しずつ減らしていき、直接的な英語理解を促す必要があります。そのため、この方式は初期段階では有効であるものの、最終的により高いレベルの英語運用力を目指すためには、別のアプローチが必要とされることもあります。

　総じて、高知西高校での和訳先渡し方式は、英語教育において、生徒が挫折することなく学習を続けられる環境を作り出し、基礎的な読解力や文法理解の向上に寄与しまし

26　第1部　英語教育30年の変遷

た。しかし、さらなる英語力向上のためには、徐々に和訳から脱却し、英語そのものを使いこなせる力を育む必要があることも重要な視点です。

第4節 | 理解可能なインプットと
クラッシェンのInput仮説理論

Input仮説の概要

アメリカの言語学者スティーブン・クラッシェン（Stephen Krashen）が提唱した「Input仮説（Input Hypothesis）」は、第二言語習得の理論として広く知られています。Input仮説では、学習者が言語を効果的に習得するためには、「理解可能なインプット（Comprehensible Input）」を多く受けることが必要だとされます。特に、学習者の現在の理解力（i）よりも少し上のレベル（i + 1）のインプットを受けることで、学習者は無理なく新しい言語項目を吸収し、徐々に理解力を高めることができると説明されています。重要なポイントは、インプットは必ずしも文法的な説明を伴わなくてもよく、学習者が「意味を理解できること」に焦点を当てる点です。

この仮説は、学習者が自然に言語を獲得するプロセスを示し、特に日本のように英語が日常的に使われる環境にない状況において、いかに効果的なインプットを用意するかが、教育現場での大きな課題として取り上げられてきまし

た。クラッシェンは、インプットを増やし、学習者が「意味を理解しながら」言語に触れる環境を整えることが、言語習得を促進すると主張しています。

Natural Approach の理念と実践

クラッシェンの Input 仮説を基に、テレル（Tracy Terrell）と共に開発されたのが「Natural Approach」です。このアプローチでは、学習者が言語を学ぶとき、母語を習得する過程と同じように自然な順序で進むべきだと考えます。すなわち、最初は言語を「理解する」段階（Silent Period）を重視し、その後、無理のない形で「言語を産出する（Output）」段階へと移行します。

Natural Approach の実践では、特に以下の点に注意が払われます。

（1）理解可能なインプットを提供する：テキストや会話が学習者の理解力に合ったレベルで、視覚情報（ジェスチャー、絵、写真）や背景知識を活用しながら、学習者が「理解できること」に重点を置きます。

（2）リラックスした学習環境を整える：学習者にプレッシャーをかけることなく、自然に言語を吸収させる環境を用意することで、言語への不安感（Language Anxiety）を低減し、学習意欲を引き出します。

（3）エラーを許容する：学習者がエラーを恐れずに言語を使えるよう、正確性よりもコミュニケーションの

意図を優先します。

このような理念は、文法や単語の暗記といった従来の教育法とは異なり、学習者が「英語を使う感覚」を養うことを目指した指導法です。特に2000年代前半に、音読を通じて「意味を理解しながら英語を学ぶ」ことが重要視され始めたのは、クラッシェンの理論に多くの影響を受けたと考えられます。

音読との関連性

2000年代前半に注目された「音読指導」は、表面的には学習者が単に英語を声に出して読む活動のように見えますが、実際には理解可能なインプットを強化する手法としても機能します。第2節で解説したように、音読の指導法には、リピーティング(Repeating)やシャドーイング(Shadowing)、リード・アンド・ルックアップ（Read and Look-up）など、さまざまな種類がありますが、これらの活動を通じて学習者は「聴覚」と「視覚」を同時に使いながら、言語を理解するプロセスを経験します。

特に、音読は以下の点でクラッシェンの理論と一致しています：

(1) 理解可能なインプットを強化する：音読は、テキストの内容を「意味を伴って」読むことを求めるため、学習者は英語を単なる「音」ではなく、意味のある「メッセージ」として捉えることができます。

第2章　「訳して読んで」音読重視の2000年代前半　29

（2）文法や発音への過度の指摘を避ける：音読の目的は、言語の「流暢さ（Fluency）」を高めることにあり、正確性（Accuracy）を重視しすぎない点で、学習者にとって心理的な負担が少ない学習法です。

このように、音読はクラッシェンが提唱する「理解可能なインプット」の一形態として見なすことができ、2000年代前半に音読が教育現場で積極的に取り入れられた背景には、クラッシェンの理論が少なからず影響していると考えられます。

アウトプット重視の時代への橋渡し

クラッシェンの理論では、言語習得の最初の段階では理解可能なインプットが最も重要であるとされ、学習者が「インプットの蓄積」を十分に行った後に、自然にアウトプット（話す・書く）が現れるとされています。しかし、日本の英語教育は2000年代後半になるとアウトプット活動にシフトし始めました。この変化は、学習者がインプットに偏りすぎたことで、実際に自分の言葉で話す力や書く力が伸びにくいという反省から生じたものです。

クラッシェンの理論が「インプット偏重」として批判されることもありましたが、実際には「インプットがアウトプットを支える基盤である」ことを強調しています。2000年代後半以降、日本の英語教育では、インプットをしっかりと行った上で、徐々にアウトプットを強化する活動（プ

レゼンテーションやディスカッション）へと移行すること
が求められるようになりました。

　したがって、第3章で紹介されるアウトプット活動重視
の教育法は、クラッシェンのInput仮説を補完し、学習者
が「インプットされた内容を使って言語を産出する」プロ
セスの一環として理解されるべきです。このように、理解
可能なインプットとアウトプット活動は相互補完的な関係
にあり、両者をバランスよく取り入れることが、効果的な
英語教育の鍵となります。

効果的な英語学習Ⅰ

　文法訳読式（Grammar Translation Method）と音読中心の
学習法（Oral Reading Method）は、現代においても有益な英
語学習法として再評価されるべき側面があります。英語教育
の主流がコミュニカティブ・アプローチ（Communicative
Approach）にシフトする中で、これらの伝統的な学習法は
しばしば時代遅れと見なされがちですが、特定の教育目的や
学習者のニーズに応じて効果を発揮する方法であることは
間違いありません。

　まず、文法訳読式の学習法は、特に文法の理解と精読にお
いて依然として価値があります。この学習法は、文法の細か
い構造や文章の意味を正確に把握することに重点を置いて
おり、特に学術的な英語や精密な読みが求められる分野では

有効です。また、文法を体系的に理解することは、他の言語を学ぶ際にも応用できるスキルを養い、文法知識が基礎となる応用力を育てます。

　次に、音読中心の学習法は、リズムやイントネーション、発音の向上に極めて有効です。音読は、英語の音声パターンを体感的に身につけることができるため、リスニング力やスピーキング力の向上に直結します。また、反復して音読を行うことで、自然な言い回しやフレーズを習得しやすくなり、実際の会話での即応力を高める効果があります。この学習法は、特に初級者や中級者にとっては、自信を持って発話できるスキルを磨く上で重要なステップです。

　現代の英語教育においては、コミュニケーション能力を重視する傾向が強いですが、文法訳読式学習法と音読中心の学習法は、コミュニケーション能力を下支えする文法・構文の基礎力強化や発音・リズムの習得という観点で依然として有効です。学習者のレベルや目的に応じて、これらの方法を適切に組み合わせることで、より包括的な英語力の向上を目指すことが可能です。

COLUMN

野球と英語学習に見る意外な共通点

　私は、選手として小中高の10年、指導者として中高一貫校の中学野球部で16年の計26年間、野球に携わり

ました。その経験の中で、野球と英語学習には意外な共通点が多くあることに気づきました。それは、まず、どちらも基礎が非常に重要であるということです。野球では、打つ、投げる、捕るといった基本動作が試合の土台となり、これがしっかりしていないと実力を十分に発揮できません。同じように、英語学習でも単語や文法の基礎がしっかりしていることで、会話や文章理解のスキルが磨かれます。第1章で述べた文法訳読式の学習法と第2章の音読重視の学習法は英語の基礎力を固める上では現在でも依然として大切な学習法です。

　また、繰り返しの練習が大切な点も共通しています。野球選手が毎日バッティング練習を続けるように、英語学習者も毎日のリスニングやスピーキングの練習を欠かさず行うことで、次第に感覚が磨かれ、スキルが上達します。繰り返し取り組むことで、初めは難しく感じたことでも、次第に自然にできるようになっていくのです。

　さらに、野球と英語学習のどちらにも、他者とのコミュニケーションが重要です。野球ではチームワークが勝敗を左右し、選手同士の意思疎通がうまくいくことで良いプレーが生まれます。同様に、英語学習でも他者と会話を交わすことで、実践的なコミュニケーション力が養われます。相手とのやり取りの中でこそ、本物のスキルが身についていくのです。

　そして、野球と英語学習の両方において、失敗を乗り越えることが成長につながります。野球選手は打率が上がらなくても次の打席に向けて努力を続けます。同様に、英語学習者も、思い通りに話せなかったり、

間違えたりした経験を糧にして、次のステップに進んでいきます。失敗を恐れずに挑戦し続ける姿勢こそが、成功への道を切り開くのです。

　最後に、どちらも長期的な視野で取り組むことが求められます。野球選手が一試合や一シーズンで終わらず、キャリア全体を見据えて努力を重ねるように、英語学習も短期間で完璧を目指すのではなく、長い目で見て継続的に取り組むことが大切です。最初はうまくいかなくても、続けていくうちに必ず成長が感じられる瞬間が訪れます。結局、野球も英語学習も、基礎をしっかりと積み重ね、繰り返し練習し、失敗から学びながら続けていくことで、大きな成果が得られるのです。楽しみながら努力を続けることが、どちらにおいても成功への鍵となります。

第3章 アウトプット活動重視の 2000年代後半

　2000年代後半、日本の英語教育は大きな変革期を迎えました。これまでの文法・訳読を中心としたインプット重視の学習から、英語を実際に使ってコミュニケーションを図るアウトプット重視の学習へとシフトしていく動きが顕著となったのです。この流れを象徴する取り組みが、SELHi（スーパー・イングリッシュ・ランゲージ・ハイスクール）プログラムやCLT（Communicative Language Teaching）、タスクベース・ラーニング（Task-Based Learning, TBL）でした。これらのアプローチは、英語を実際に使って考え、発信する機会を増やすことで、日本の英語教育を実践的なものへと変革する大きな役割を果たしました。

SELHi（スーパー・イングリッシュ・ランゲージ・ハイスクール）プログラム

　SELHiプログラム（Super English Language High School）は、2002年に文部科学省が開始した英語教育特別指定校制度で、日本の英語教育改革の転機となった取り組みです。当時、日本の高校英語教育は、受験対策を主とする文法や読解中心の授業に偏っていたため、実際に英語

を使う機会が限られていました。そこで、SELHiプログラムは「英語を学ぶのではなく、英語で学ぶ」ことを目指し、アウトプット重視の先駆的なアプローチを導入しました。

　SELHi指定校は、全国から選ばれた高校がモデル校として活動し、従来の学習内容や指導方法を見直し、学習者が英語を実際に使用できる力を育成することに重点を置いていました。その目標は、単に文法や語彙を暗記することではなく、生徒が英語を通じて他者と交流し、自らの考えを効果的に伝えられる能力を養うことです。具体的には、各指定校で英語の授業を英語で行うことを推進し、授業内外でディスカッション、ディベート、プレゼンテーションといったコミュニケーション活動を積極的に取り入れました。

　例えば、英語ディスカッションの授業では、生徒が事前にトピックについて調べ、意見をまとめ、クラスメートと意見交換を行う形式を採用しました。これにより、単に教科書の内容を理解するだけでなく、他者の意見を聞き、自分の考えを深め、英語で論理的に説明する力が育まれます。また、ディベートの授業では、肯定・否定の立場に分かれ、グループで戦略を考え、相手の意見に反論する力を身につけていきます。これにより、生徒は英語を実際の問題解決に活用する経験を積み、自分の意見を効果的に伝える力を磨くことができました。

さらに、プレゼンテーション活動を取り入れた授業では、生徒が個人やグループでテーマを選び、資料を作成し、クラスの前で発表を行いました。このようなアウトプット型の活動を通じて、生徒たちは単に英語の知識を使うだけでなく、英語で他者に伝わるように工夫し、表現力を高めることが求められました。これにより、発信力や表現力といったコミュニケーションスキルの向上が図られました。

　こうした取り組みは、生徒の学びに対する意識を大きく変えました。従来の受動的な知識習得型の授業から脱却し、生徒が自ら考え、主体的に学びに取り組む姿勢が求められました。さらに、英語を通じた「学びの楽しさ」を実感できたことが、生徒の英語に対する意欲や自信の向上につながり、彼らの将来における国際社会での活躍を支える力となりました。

　結果として、SELHiプログラムは、生徒の英語力向上だけでなく、学校全体の教育方針や授業デザインにも大きな影響を与えました。それは英語の授業が単なる知識の伝達ではなく、生徒一人ひとりの「学びの場」として再定義され、コミュニケーション力、批判的思考力、問題解決力など、21世紀型スキルを育む教育環境の基盤を築いたといえます。こうした取り組みは、その後の英語教育改革にも大きな影響を及ぼし、現在のアクティブラーニングを取り入れた授業実践の礎となったのです。

第3章　アウトプット活動重視の2000年代後半　**37**

CLT（コミュニカティブ・ランゲージ・ティーチング）

　CLT（Communicative Language Teaching, コミュニカティブ・ランゲージ・ティーチング）は、世界的には1970年代から始まり、1990年代にかけて広く普及した外国語教育の指導法です。このアプローチの最大の特徴は、学習者が実際のコミュニケーション場面で使える言語能力を身につけることを目指し、意味のあるやり取りを通じて、実践的なコミュニケーション能力を養成する点にあります。それまで主流だった文法訳読法（Grammar-Translation Method）やオーラル・アプローチ（Oral Approach）とは異なり、CLTは「言語はコミュニケーションのためのツールである」という考え方に基づき、伝えたい意味をどう伝えるかに重点を置いています。

　CLTの導入により、学習者は単に文法知識を暗記するのではなく、自らの言語知識を駆使し、相手と意味をやり取りしながら実際に伝え合う経験を積むことができます。このため、授業ではロールプレイやインフォメーションギャップ活動、グループディスカッションなど、意味交渉を伴う活動が重視されます。学習者同士が互いに異なる情報を持ち、それを交換しながらタスクを達成する中で、自然とコミュニケーション能力が育まれていきます。

　理論的な背景としては、カナルとスウェイン（Canale & Swain, 1980）が提唱した「コミュニケーション能力（communicative competence）」の4つの要素に基づいて

います。1つ目は、文法規則や語彙、発音など形式的な知識を表す文法的能力（Grammatical Competence）です。2つ目に、文と文を論理的につなげ、まとまりのある会話や文章を構築する能力である談話能力（Discourse Competence）が挙げられ、3つ目として、場面や社会的文脈に応じて適切な表現を使い分ける社会言語学的能力（Sociolinguistic Competence）、そして、4つ目にコミュニケーション中に誤解や困難が生じた際、伝えたい意味を補ったり修正したりするストラテジー能力（Strategic Competence）が挙げられています。これら4つの能力がバランスよく発達することで、学習者は単なる文法知識の習得にとどまらず、実際の状況に応じた柔軟な言語運用が可能となります。

　日本におけるCLTの導入は、2000年代前半から学習指導要領の改訂を通じて徐々に浸透し始めました。それまでは、文法訳読を中心とした教室内で完結する英語学習が主流でしたが、CLTの普及により、文法知識の定着と同時に「話す」「聞く」活動を取り入れた指導法が注目されるようになりました。具体的には、ペアワークやグループディスカッション、プレゼンテーション活動など、学習者同士が英語を用いて実際に伝える場面を設定し、教室内でのコミュニケーション機会を増やすことが目指されました。これに伴い、教員は授業のデザインを見直し、発問やタスクの設計に工夫を加える必要性が生じました。結果として、

学習者は試験のための英語ではなく「実生活で使える英語」を学ぶことが求められるようになりました。

　一方で、CLTの導入にはいくつかの課題もあります。まず、コミュニケーション活動に重点を置くあまり、文法知識の定着が不十分になる可能性が指摘されています。そのため、コミュニケーションを重視しつつ、いかに正確さ（accuracy）を確保するかが課題となります。また、学習者同士の対話活動を円滑に進めるためには、教員が適切なフィードバックを行うとともに、学習者が安心して発話できる環境を整えることも重要です。さらに、大人数クラスや限られた授業時間の中で全員に発言機会を与えるのは難しく、教員にはクラスマネジメント能力が強く求められます。

　このような利点と課題を抱えながらも、CLTは現在も多くの教育現場で実践されており、日本の英語教育を「文法中心の知識重視型」から「実践的なコミュニケーション能力重視型」へと転換するきっかけを作り出しました。今後、さらにグローバル化が進む中で、CLTをどのように進化させ、学習者の多様なニーズに応じた英語教育を展開していくかが、英語教育者にとって重要な課題となっていくでしょう。

TBLT（タスクに基づく言語指導）

　TBLT（Task-Based Learning Teaching）は1990年代

から発展してきた教授法で、従来の言語教育とは異なり、学習の中心に「タスクの達成」を据えていることが特徴です。例えば、従来の教授法では「現在進行形」や「過去形」などの文法項目を学ぶことが主目的とされ、その文法を使ったアクティビティを取り入れることが一般的でした。しかし、TBLTでは「買い物をする」「旅行の計画を立てる」など、実生活に即したタスクが先に設定され、学習者はそのタスクを達成するために必要な言語を考え、使用することを通じて英語力を身につけていきます。

　ピーター・スケハン（Peter Skehan）は、タスクの実施に際して「どのような条件（conditions）を設定すれば、学習者の発話の複雑さ（complexity）、正確さ（accuracy）、流暢さ（fluency）が向上するか」を論じています。彼の研究によると、タスクの構造が明確で、学習者が何をすればよいかがはっきりと理解できる場合、発話の正確さと流暢さにプラスの効果が見られるとのことです。また、タスクの後に「自分の取り組んだ内容を他のグループにプレゼンテーションする」や「タスクの内容を書き起こす」といった「ポストタスク活動」を取り入れることで、発話の正確さがさらに向上することも示されました。

　日本における英語教育でも、このタスクベース・ラーニングは積極的に取り入れられています。例えば、高校の授業では「学校の食堂で食べ残しを減らすための具体的な方法を考える」というタスクを設定し、生徒たちはグループ

で議論し、実際にどのような方法が効果的かを考えながら、意見を出し合います。このように、実生活に即したタスクを通じて、異なる視点を学び、コミュニケーションスキルを向上させることができます。

　さらに、学習者は具体的なタスクに取り組む過程で、言いたいことが言えなかった表現を改めて調べたり、教師からのフィードバックを受けたりすることで、必要な単語や文法表現を習得します。このように、実際のコミュニケーションの中で必要となる言葉を学ぶことができ、学習者が実践的な英語力を身につけるための重要な手法として多くの学校で導入されています。

　スケハンの研究も、この教授法が学習者の発話の質を高める可能性を示しており、英語を「使える」言語として習得する力を育成する上で非常に有効であることが分かります。タスクベース・ラーニングは、英語教育の現場において、学習者がより主体的に言語を活用する力を育てるための重要なアプローチとして今後も広がっていくことでしょう。

第4章 4技能5領域統合型の 2010年代前半

第1節 │ 4技能5領域統合型教育の背景

　4技能5領域統合型教育が注目される背景には、英語を用いた総合的なコミュニケーション能力の必要性が一層高まったことが挙げられます。グローバル社会において、単に読み書きの能力にとどまらず、聞く力や話す力も同様に重要視されるようになり、その結果、英語を「使える道具」として捉え、実際の場面での言語活動を重視する方向へとシフトしました。

　このような動向の中、中学校の英語教育において胡子美由紀氏と瀧沢広人氏は、4技能5領域統合型の授業をこの時代よりもずいぶん前からすでに取り入れていた先駆者として知られています。彼らは、リスニング、スピーキング、リーディング、ライティングの4技能を効果的に組み合わせることで、生徒の総合的な英語運用能力を高める指導法を確立しました。

　胡子氏は、従来の「読む」「訳す」といった受動的な学習にとどまらず、生徒が英語を用いて自らの考えを発信する言語活動を積極的に取り入れました。彼女はディベートやディスカッションなどの対話型言語活動を通じて、生徒

が学んだことを能動的に表現し、同時に異なる意見を理解し合う力を養うことを目指しました。このようなアプローチは、まさに4技能5領域統合型教育の理念と一致しており、生徒たちに「英語を使って何ができるか」という視点を与え、単なる文法知識の習得を超えた、本質的な英語力を育むものとなりました。

　一方、瀧沢氏はタスクに基づく言語指導（Task-Based Learning Teaching）を積極的に導入し、4技能を有機的に関連付けた実践を行いました。彼は、生徒が現実世界の文脈で英語を用いて意味のあるタスクを遂行することで、言語の使用価値を学び、伝達の質を高めることに重点を置きました。例えば、瀧沢氏の授業では、リスニングとリーディングを組み合わせて情報を収集し、その内容をスピーキングやライティングで表現する一連の活動を通じて、各技能が互いに補完し合う効果を生み出しました。これにより、学習者は実際のコミュニケーション場面を意識した言語運用能力を身につけることができました。

　高等学校の英語教育の変化として、2014年に文部科学省が推進したスーパーグローバルハイスクール（SGH）プログラムは、まさにこの4技能5領域を統合した教育の実践例といえます。SGHは、高校生のグローバルな視野を育て、課題発見力や解決力を高めることを目的とし、探究学習や英語によるプレゼンテーション活動を通じて、総合的なコミュニケーション能力を養成することに重点を置き

ました。このようなプログラムの導入により、各校では英語を使ったディスカッションやディベート、異文化交流などの実践的活動が積極的に取り入れられ、4技能5領域を活用した統合的な学びの場が提供されるようになりました。

また、2010年代前半には、ビデオ通話を使ったオンライン英会話が普及し、フィリピンなどの英語話者と1対1で会話を行うサービスが数多く登場しました。特に私立の高等学校では、こうしたプログラムを学校の特徴の一つとしていち早く採用するケースが目立ちました。インターネットやデジタル教材を活用することで、4技能5領域をバランスよく鍛えることが可能となり、学習者は自分のペースで学習を進めることができると同時に、個々のニーズに応じた学習内容のカスタマイズも可能になったのです。このデジタル環境を活用した学習は、学習効果の向上にも寄与しました。次節では、4技能5領域統合型教育の効果的な指導法や学習法についてさらに掘り下げて論じていきます。

第2節 │ 4技能5領域統合型の効果的な指導法・学習法

4技能5領域統合型の指導法は、英語の実践的な運用力を養うことを目的としています。「読む・聞く・話す（や

り取り・発表）・書く」の各技能を個別に学ぶのではなく、これらを組み合わせて活用する場面を設定することで、実用的なコミュニケーション能力を高めることができます。本節では、4技能5領域を効果的に伸ばすための具体的な指導法と学習法について解説します。

ディクテーション

　ディクテーションの授業は、英語学習において非常に効果的な手法であり、リスニング、スピーキング、ライティング、リーディングの4技能5領域を統合的に向上させることができます。授業では、教師が選んだ文章やフレーズを生徒に聞かせ、彼らがそれを正確に書き取る形式で進行します。授業の初めに、教師はディクテーションの目的と重要性を説明し、リスニングスキルや正しいスペリング、文法構造の理解が得られるメリットを強調します。この活動は、高い集中力を必要とし、注意力を養いながら実際のコミュニケーションに必要なスキルを磨く助けになります。

　ディクテーションは通常、段階的に進められ、短いフレーズや簡単な文から始まり、徐々に文章の長さや難易度が上がります。このアプローチにより、生徒は自分のリスニング能力に合った挑戦をしやすく、理解を深めることができます。教師は文を繰り返し読んだり言い回しを変えたりして、生徒が内容をしっかり把握できるように配慮します。

この過程で、生徒はリスニングとライティングのスキルを同時に鍛えることができ、正確な表現を学ぶ機会が得られます。

　授業の後には、生徒が書き取った内容を教師やクラスメートと確認する時間が設けられます。このフィードバックの時間では、正確なスペリングや文法の使用を確認し合い、生徒は自分の間違いに気づき、今後の学習に生かすことができます。このプロセスは、教師にとっても生徒の理解度を把握し、個別指導を行う貴重な機会となります。特に、間違いを共有することで他の生徒も同様の誤りを避け、集団全体の学習効果を高めることができます。

　また、ディクテーションは単なるリスニングやライティングの練習にとどまらず、英語の表現力を豊かにする手段でもあります。生徒は書き取る際に使用される語彙やフレーズの多様性を意識することで、新しい表現を学び、スピーキングやリーディング能力を強化することができます。

ディクトグロス

　ディクトグロスは、リスニング、スピーキング、ライティング、そして理解力を高めるための効果的な手法です。この方法は、特に言語学習者にとって、聞く力を養うと同時に、自分の言葉で内容を再構成する力を育むことを目的としています。基本的なプロセスは、まず教師が生徒にディ

クトグロスの目的や流れを説明し、生徒は注意深く聞く準備を整えます。次に、教師が短いテキストやストーリーをゆっくりと読み上げ、生徒はその内容をメモし、全体の流れや重要なポイントを把握します。この段階では、全ての言葉を正確に書き取ることよりも、全体の理解に重点を置きます。

その後、生徒は小グループに分かれ、聴き取った内容を協力して再構成します。この段階で、彼らは自分たちの言葉で内容を表現し直し、アイデアを共有し合います。これにより、スピーキングのスキルや協力的な学習が促進されます。各グループは再構成した内容を全体に発表し、この発表は他のグループにとっても新たな学びの機会となります。

教師は各グループの発表に対してフィードバックを行い、どのように内容が理解され、表現されたかを評価します。このプロセスは、生徒が自信を持って自分の意見を表現できるようになるための重要なステップです。ディクトグロスは、内容理解の深化や、リスニング、スピーキング、ライティングを同時に活用することで総合的な言語能力を高めることができ、また再構成の過程で自分の意見や考察を加えることが求められるため、批判的思考力を育む機会も提供します。このように、ディクトグロスは言語教育において非常に効果的な手法であり、学習者が自信を持って言語を使用できるようになるための重要な役割を果たしま

す。

リテリング・リプロダクション

　リテリングとリプロダクションの授業は、生徒の言語能力を総合的に育成するための効果的な手法であり、特にリスニング、リーディング、スピーキングの能力を高めることを目的としています。ただし、厳密に言えば、リテリングとリプロダクションは異なる手法です。リテリングは、生徒が与えられたテキストやストーリーを自分の言葉で再構成することで、内容を深く理解し、記憶に定着させるプロセスです。一方、リプロダクションは、オリジナルのテキストを忠実に再現することに重点を置いており、内容の再現に焦点を当てています。ここでは、リテリングについて以下、説明します。

　授業の初めに、教師は生徒にリテリングの目的とその重要性を説明します。リテリングは単に内容を繰り返すだけでなく、自分自身の言葉で表現することによって、理解を深める活動です。この段階で、教師は生徒にリテリングに必要な語彙やフレーズを導入し、活動の支援をします。また、リテリングの際に注意すべきポイントや、ストーリーの要点を押さえるためのヒントも提供することが大切です。

　次に、生徒はテキストを読んで内容を理解し、音読によって本文の言語材料をインテイク（内在化）させます。その

後、キーワードやイラストを手がかりに、生徒は自分の言葉でその内容を再現する練習を行います。このリテリングの過程で、生徒はストーリーの要点や重要な詳細を考え、どのように自分の言葉で表現するかを考えなければなりません。ここで、生徒は自分の理解を深めると同時に、リテリングを行うことで、他者に自分の考えを伝えるためのスピーキングスキルを向上させることができます。

　授業の後半では、生徒同士でのペアワークやグループワークが行われます。発表後、教師やクラスメートからのフィードバックが行われ、どのように表現を改善できるかを学びます。このフィードバックのプロセスは、生徒が気づきを得て、表現力の向上に寄与する重要な機会となります。

　また、リテリングの授業は、生徒にクリティカルシンキングを促す機会も与えることができます。ストーリーを再現する際、生徒は内容を単に再現するだけでなく、事前に自分の意見や感想を加えるよう指示を出しておくと、より高次の思考力を高めることができるようになります。

　このように、リテリングの授業は、リスニング力、リーディング力、スピーキング力をバランスよく高めるための有効な手法です。リテリングを通じて、生徒はストーリーを自分の言葉で表現することによって、言語運用能力を向上させ、自信を持ってコミュニケーションを行うスキルを身につけることができます。さらに、リテリングしたこと

をaccuracy（正確さ）に注意しながら書いてみることでライティング力の向上も期待できます。

オールイングリッシュ

　オールイングリッシュの授業は、日本の英語教育において非常に注目されている教授法であり、言語運用能力の向上を目指す効果的な手法とされていますが、一方で賛否両論も存在します。実際に英語教師の間でもかなりの議論が沸き起こりました。

　オールイングリッシュの授業が持つ利点の一つは、教師が英語を使用することで、生徒はリスニングスキルやスピーキング能力を高める機会を得ることができることです。授業全体が英語で行われるため、生徒が英語を使用する頻度が増え、実際の会話に近い形で言語を学ぶことができます。特に、グループディスカッションやペアワークを通じて、生徒同士が意見を交わすことで、実践的なコミュニケーション能力が養われます。また、ALTから英語圏の文化や習慣を直接英語で学ぶことで、言語の背後にある文化的な理解も深まります。こうした環境は、生徒が主体的に学び、自発的に言語を使う姿勢を育むことにつながります。

　しかしながら、オールイングリッシュの授業には批判もあります。一つの懸念は、英語の基礎が十分に身についていない生徒にとって、授業が難解に感じられることです。

特に、初学者や基礎的な語彙や文法が不十分な生徒は、英語での指示や説明を理解するのが難しく、学習意欲が低下する恐れがあります。そのため、授業が逆効果になることも指摘されています。

また、教師の英語力や指導力も重要な要素です。英語が母国語でない教師がオールイングリッシュで授業を行う際、発音や表現に問題があると、生徒に混乱を招くことがあります。教師自身が流暢に英語を話せることが求められるため、十分なトレーニングやサポートが必要とされます。

さらに、オールイングリッシュの授業が行われることで、リーディングやライティングのスキルが十分に鍛えられない場合があるとの意見もあります。特に、日本の教育システムでは文法や読解力の強化が重視されるため、これらのスキルが軽視されると、生徒が実際の試験や進学において不利になることがあります。

このように、日本の英語教育においてオールイングリッシュの授業は、多くの利点を提供する一方で、さまざまな課題や懸念も抱えています。そのため、教育現場では生徒のレベルやニーズに応じたバランスの取れた指導方法が求められています。オールイングリッシュを取り入れる場合でも、基礎的な文法や語彙の指導を適切に行い、生徒が安心して参加できる環境を整えることが重要です。

最終的には、オールイングリッシュの授業が効果を発揮するためには、教師の指導力、生徒の習熟度、教育方針の

整合性が不可欠です。これにより、生徒は英語に対する自信を持ち、国際的な視野を広げることができるでしょう。

プレゼンテーション

　日本の高等学校における英語教育において、プレゼンテーションの授業は、生徒が自分の意見やアイデアを効果的に表現するための重要な教育活動と位置付けられています。この授業の目的は、生徒が情報を整理し、論理的に伝える能力を育むことであり、特に英語でのコミュニケーション力向上を目指します。プレゼンテーションは、リスニングやスピーキング、批判的思考を鍛える良い機会であり、実践的な言語運用能力を高めるために非常に効果的です。

　授業の初めに、教師はプレゼンテーションの基本的な構造や効果的な発表方法について説明します。これには、導入、内容、結論の構成や、視覚資料（スライドやポスターなど）の活用、聴衆とのインタラクションの重要性が含まれます。また、発表時のボディランゲージや声のトーン、アイコンタクトといった非言語コミュニケーションの要素についても触れ、生徒がより魅力的なプレゼンテーションを行えるよう指導します。

　生徒は自分の興味や関心に基づいたテーマを選び、プレゼンテーションの準備を始めます。このプロセスでは、情報収集や整理、スライド作成、リハーサルを行い、自分の

意見を効果的に伝えるための工夫を凝らします。教師は進捗を確認し、個々のニーズに応じたアドバイスを提供し、生徒が自信を持って発表に臨めるようサポートします。

実際のプレゼンテーションでは、生徒は教室で自分の準備した内容を発表します。他の生徒は聴衆として参加し、発表者に対して質問や感想を述べることで、双方向のコミュニケーションが生まれます。これにより、生徒は自分の考えを伝えるだけでなく、他者の意見や視点を受け入れる姿勢も養われます。教師は発表中に生徒のパフォーマンスを観察し、フィードバックを行うことで、さらなる成長を促します。

授業の最後には、振り返りの時間を設け、生徒同士でプレゼンテーションについての感想や改善点を話し合います。この反省・内省のプロセスは、生徒が自分の強みや弱みを認識し、次回のプレゼンテーションに生かすための重要なステップです。

プレゼンテーションの授業は、生徒に自信を持たせる役割も果たします。発表を通じて、自分の意見が他者に影響を与える可能性を実感することで、自己肯定感が高まり、学びに対する意欲が向上します。また、将来的に必要とされるコミュニケーション能力を身につけるため、英語教育において非常に価値のある活動となります。

ディベート・ディスカッション

　ディベート・ディスカッションの授業は、日本の高等学校における英語教育において、生徒が批判的思考力やコミュニケーション能力を養うための重要な活動と位置付けられています。この授業の目的は、生徒が自分の意見を論理的に構築し、他者と効果的に対話する力を身につけることです。しかし、日本の英語教育においては、ディベートやディスカッションの導入に関して賛否両論が存在します。

　賛成派は、ディベートやディスカッションが生徒にとって有意義な学習経験を提供すると主張しています。これらの活動を通じて、生徒は自分の意見を明確に表現するスキルや、他者の意見を尊重しながら自分の考えを展開する能力を身につけることができます。また、論理的思考や批判的な視点を育むことで、将来的な社会生活や職場でのコミュニケーション能力の向上にも寄与するという点が挙げられます。

　一方、反対派は、ディベートやディスカッションが必ずしも効果的ではないと考えています。特に、日本の生徒は伝統的に受動的な学習スタイルが根付いており、積極的な発言や意見表明に不安を抱えることが多いです。このため、ディベートやディスカッションの授業が逆にストレスとなり、参加意欲を削ぐ結果になることが懸念されています。また、言語の壁や文化的な要因から、十分な議論が行えな

い場合もあり、生徒の英語力を向上させるには不十分であるという意見もあります。

　授業の初めには、教師がディベートやディスカッションの基本的なルールや進行方法を説明します。これには、議題の設定、発言の順序、反論の方法、そして時間管理の重要性が含まれます。また、効果的なリスニングや質問の仕方についても指導し、生徒が積極的に参加できる環境を整えます。

　生徒は議題に基づいてグループに分かれ、自分たちの意見をまとめる作業に取り組みます。このプロセスでは、情報収集を行い、論拠を整理し、明確な主張を作り上げることが求められます。教師はこの段階で、各グループの進捗を確認し、必要に応じてアドバイスを提供します。

　実際のディベートやディスカッションでは、各グループが順番に自分の意見を発表し、その後に相手側からの反論を受ける形式で進行します。生徒は自分の考えを明確に伝えるだけでなく、相手の意見に耳を傾け、柔軟に思考を変える能力も養われます。授業の最後には振り返りの時間を設け、ディスカッションの結果や自分の発表についての感想を共有します。

　このように、ディベート・ディスカッションの授業は、日本の高等学校における英語教育において、生徒が多面的な思考を養い、自己表現力を高めるための不可欠な活動となっています。しかし、賛否両論がある中で、生徒の積極

的な参加を促し、効果的な学習を実現するための工夫が求められています。最終的には、ディベートやディスカッションを通じて生徒が自信を持って意見を発表し、他者と建設的な対話を行えるようになることが、英語教育の目的をより深めることにつながります。

Sherpa プロジェクト
(Senior High English Reform Project ALC)

2010年代、日本の英語教育はアウトプット活動の強化と、実際に英語を使いながら学ぶことを重視する方向に大きくシフトしました。この流れの中で、金谷憲先生を中心に2010年から始まり、現在も続いているのが「Sherpa（シェルパ）」プロジェクト（正式名称：Senior High English Reform Project ALC）です。

Sherpa プロジェクトは、従来の文法訳読や一方的な知識伝達に依存する教育を脱却し、生徒が英語を使う機会を増やすことを目的としています。この取り組みでは、特定の教育方法を一律に推進するのではなく、「使わないものは身につかない」「1回では身につかない」といった教育の基本的な考え方を軸に、各学校の独自の取り組みを支援する形で実施されています。

プロジェクト内では、現実的な状況を想定した課題やタスク型アクティビティが活用されており、生徒が英語を使う楽しさや達成感を味わえる工夫がなされています。ス

ピーチ、ディスカッション、プレゼンテーションなどの活動を通じて、生徒は教室内で自然なやり取りを行い、自分の考えを英語で表現する力を養っています。また、Sherpaは指導者向けの研修や研究会も継続的に開催し、教師の指導力向上を支援しています。

　Sherpaの活動は、単なる授業改革にとどまらず、各学校の実情に応じた最適な指導法を模索し続けています。この試行錯誤のプロセスは、カリキュラムマネジメントを重視し、中高の学習内容のギャップを埋める重要な役割を果たしています。

　また、Sherpaの研究と活動を基に、アルクから書籍も刊行されています。これらは、具体的な指導方法や実践例を紹介し、全国の英語教育に貢献しています。

　現在も続くSherpaプロジェクトは、生徒一人ひとりの英語力向上を最優先に考え、その成果を全国の英語教育の改善に還元しています。結果として、学びの姿勢を変えるモデルケースとして、高校英語教育の発展に寄与し続けています。

　次の節では、Sherpaの一部として成功を収めたTANABU Modelについて紹介します。

TANABU Model

　TANABU Modelは、2013年に青森県立田名部高等学

58　第1部　英語教育30年の変遷

校が文部科学省拠点校事業を開始したことを契機に開発された、英語の基礎定着を目的としたアプローチです。このモデルの特徴は、教科書の扱いを柔軟に調整し、学習内容にメリハリをつける点にあります。

　具体的には、授業を「超こってりコース」「こってりコース」「あっさりコース」「超あっさりコース」の４つに分類し、重点を置くべき内容に時間を割きながら、生徒の英語アウトプット活動を中心に据えています。特に「超こってりコース」では、教科書の登場人物を想定したインタビューや、教科書内容を基にしたディベートやディスカッションを行い、生徒の学習意欲を高めています。

　また、「こってりコース」では教材の範囲をあえて絞り込み、ディクテーションやリテリングなどの活動を通じて繰り返し学習を行います。「あっさりコース」ではリスニングに特化し、「超あっさりコース」では読解力診断テストを活用した授業を展開するなど、効率的で持続可能な授業計画が工夫されています。

　TANABU Modelの教育成果は顕著であり、先述の通り青森県立田名部高校は「GTEC for Students」のスコア伸び率で全国第2位を記録しました。この成功は他校にも注目され、岐阜県立長良高等学校や山形県立新庄北高等学校でも、このモデルを導入した英語教育が実施され、地域社会との連携を通じた学びも促進されています。

　さらに、TANABU Modelは革新的でありながらも実践

的で汎用性が高く、他校の教育現場にも採用が広がっています。特に、長期的な継続性を意識し、試行錯誤を共有する姿勢は他の教育関係者にも大きな影響を与えています。

今後も、TANABU Modelは日本の英語教育の発展に貢献する重要なアプローチとして、全国的に広がることが期待されます。このモデルは、英語を単なる教科として学ぶのではなく、社会で実際に活用できるスキルを養う場として、学びの新たな可能性を提示しています。

COLUMN

英語プレゼンテーションが育む力
〜Sさんのお守りの秘密〜

英語プレゼンテーションの授業を通して、生徒の英語力向上だけでなく、彼らの人間的成長にも大きく貢献していることを実感しています。特に、以下の3点がプレゼンテーションの主な効用として挙げられます。

まず、準備力です。プレゼンテーションの準備は、定期考査の筆記テストとは全く異なる側面を持っています。生徒は単に知識を詰め込むのではなく、内容の整理、視覚資料の工夫、話す内容の構成など、多角的な準備をする必要があります。特に1年生の初めてのプレゼンテーションでは、思い通りに進められず、挫折感を味わうことも多いです。しかし、その失敗を経験とし、それを乗り越えるプロセスこそが、大学や社会に出た後でも必ず役立つ力を育むのです。

次に、人前で話す度胸についてです。初めは緊張でいっぱいの生徒たちも、場数を踏むことで徐々に自信をつけていきます。ある女子生徒Sさんが、お守りを握りしめながら勇気を振り絞ってプレゼンテーションに挑んでいる姿を見たとき、私はその一生懸命な姿に深い感動を覚えました。失敗を恐れず、挑戦する姿勢は、英語の技術を超えて彼らの成長を促すものです。

　最後に、「主体的で深い学び」の観点から、プレゼンテーションは生徒にとって単なる英語の授業の一環ではなく、自らの意見を表現し、他者に伝えるという主体的な学びの場となります。自分でテーマを選び、情報を集め、論理的に展開する過程は、深い学びを促し、問題解決能力や創造力も育てます。

4技能5領域統合型授業実践例 ①

SDGs×英語のプレゼンテーション

　SDGs（持続可能な開発目標）を取り入れた英語プレゼンテーションの授業は、生徒が社会問題を「自分ごと」として捉え、グローバルな視点から英語で表現する力を養うための効果的なアプローチです。この授業モデルは、PBL型学習を取り入れ、生徒が深いリサーチを行い、その成果を他者に向けて発表するというプロセスを通じて、実社会とのつながりを意識しながら英語力を向上させることを目指します。

　授業の導入段階では、まずSDGsの17の目標から各生

徒が関心のあるテーマを2つ〜3つ選び、例えば貧困、気候変動、ジェンダー平等などのグローバルな課題についてリサーチを行います。生徒はこの過程で、該当する目標に関連する具体的な問題やその背景を調べ、英語で理解を深めることが求められます。リサーチ段階で得た情報は、単に知識としての蓄積にとどまらず、論理的な問題解決の枠組みとして活用され、最終的には発表内容としてまとめられます。

　プレゼンテーションの準備にあたっては、リサーチしたデータや事例を基に、自分の意見や解決策を論理的に展開するスキルが必要とされます。生徒は、なぜその問題に興味を持ったのか、現状の分析とその課題がどのように世界に影響を与えているかを考察し、その上で問題解決の提案を行います。これにより、生徒たちは単なる情報の受け手ではなく、積極的に社会問題に関与し、自らの意見を構築していく過程を経験します。

　また、プレゼンテーションのスキル向上にも力が入れられます。英語での発表に加え、スライドや資料の準備を行い、視覚的にも効果的なプレゼンテーションを作り上げることが重要です。この過程では、キーワードの選択、視覚的なデザイン、話し方や表情なども含め、英語以外のコミュニケーションスキルも同時に学びます。こうした多面的なアプローチにより、生徒はより深い理解を得ると同時に、他者に対して説得力のある発表を行うことができるように

なります。

　最終的に、クラス内でのプレゼンテーションは、生徒同士の質疑応答を含むインタラクティブな活動へと発展します。生徒は自分の発表内容について質問を受け、即興で答えることで、さらに考えを深めることができます。このやり取りを通じて、他者の視点を学び、新たな気づきを得ることも大きな成果の一つです。プレゼンテーションのスキルとともに、相互のフィードバックを通じて英語でのやり取り能力も向上させることが可能です。

　このSDGsをテーマにした英語プレゼンテーション授業は、現実の社会問題を考え、解決策を探るという意味で、生徒たちにリアルな学びを提供します。また、英語を使ったコミュニケーションを通じて、生徒たちはグローバルな視点で問題に向き合うことができるようになります。SDGsは、単なる学習の題材にとどまらず、生徒の視野を広げ、より持続可能な未来に向けた思考を促進するツールとして有効に機能しています。この授業モデルは、現代社会で求められる英語運用能力や論理的思考力を育成する上で、非常に効果的なアプローチであると言えるでしょう。

4技能5領域統合型授業実践例 ②

ピンポン・ディベート

　ディベートを取り入れた授業は、生徒の英語力と論理的思考力を高める効果的な手法です。高等学校の学習指導要

領でも、ディベートやディスカッションなどの活動を通じて「やり取りを通して必要な情報を得る」ことが推奨されていますが、実際にはこれらの活動を実行することに困難を感じる教員も少なくありません。その一因として、時間の制約や生徒の習熟度の差が挙げられます。しかし、ディベートを授業に取り入れることは、生徒にとって貴重な経験となり、言語スキルだけでなく、コミュニケーション力や自己表現能力を伸ばす大きな助けとなります。

　授業でディベートを行う際、まず重要なのはトピックの選定です。生徒が興味を持てるテーマであり、同時に授業で学んだ単語や表現を使って議論ができる内容が理想的です。例えば、「英語を上達させるためには留学すべきか？」といったテーマは、生徒が自分の経験や意見を反映させやすく、議論が活発になる傾向があります。

　ディベートの形式ですが、「ピンポン・ディベート」が効果的です。この形式では、生徒を賛成（Pros）と反対（Cons）の立場に分け、交互に意見を発表し合います。短い時間で議論を交わすことにより、生徒は迅速な思考力や即興の発言力を磨くことができます。授業の中で、立場を途中で入れ替えることで、論理的思考の柔軟性も養われ、異なる視点で問題を考える力がつきます。

　ディベートは、英語の4技能（リーディング、ライティング、スピーキング、リスニング）をバランスよく向上させる活動です。トピックに関する事前調査でリーディング

64　第1部　英語教育30年の変遷

スキルを、主張や反論をまとめる過程でライティングスキルを、そしてディベートの中で意見を発表することでスピーキングスキルを高めることができます。また、相手の意見を理解し、それに応じて適切に反論する必要があるため、リスニングスキルも鍛えられます。ディベートの場で生徒は、対話を通じて自分の考えを論理的に伝え、他者の意見を尊重しながらも自分の意見をしっかり主張する力を養うことができます。例えば、「あなたの主張は理解しますが、それでも私はこう考えます」といった表現を使うことで、より洗練された議論が可能となります。

50分の授業でディベートを行う場合、まずはテーマの発表と簡単な準備時間を設けます。生徒たちは、トピックに基づいて意見を整理し、ワークシートに記入します。まずは、小さなグループ内でディベートを行い、その後クラス全体でのディベートに発展させることも効果的です。こうすることで、より多くの生徒が発言する機会を得られ、授業全体が活気づくでしょう。司会者役やジャッジ役を設けることで、英語を使う場面を増やし、クラス全体の参加意識を高めることができます。

ディベートを通じて、生徒たちは授業内で目に見える成長を遂げることができます。発言に自信が持てるようになり、英語を使った自己表現力や論理的思考力が向上します。教師としては、生徒が議論を行う中で自発的に思考し、英語での発言が徐々に洗練されていく様子を注意深く見守る

ことが重要です。そして、生徒一人ひとりの成長に対して適切なフィードバックを与え、学習意欲を高めることが求められます。

効果的な英語学習Ⅱ

現代の英語教育において、アウトプット活動重視の学習法と4技能5領域統合型学習法は、実用的な英語力を育成するための重要なアプローチとされています。大西泰斗氏の著書『一億人の英文法──すべての日本人に贈る「話すため」の英文法』(東進ブックス 2011)は、使える英文法の理解を促進し、広く支持を得ることで英語教育に新たなブームをもたらしました。彼のアプローチは、文法をコミュニケーションのツールとして捉えることを重視しています。

アウトプット活動重視の学習法では、学習者が英語を使うことで知識を定着させ、応用力を高めます。ディスカッションやプレゼンテーションを通じて自信を養い、即応力や柔軟性を育むことができます。特にディクテーションは、語彙力やリスニングスキルの向上に効果的です。

一方、4技能5領域統合型の学習法は、「読む」「書く」「聞く」「話す(やり取り・発表)」の技能をバランスよく統合することを目指します。リスニングを強化することでスピーキング力が向上し、リーディングで習得した語彙がライティングにも生かされる相乗効果が学習者の英語力を高めます。

このように、アウトプット活動と4技能5領域統合型学習法を組み合わせたアプローチは、学習者に実用的で応用力の高い英語力を育むための最適な方法です。これらの方法は、英語を単なる知識としてではなく、コミュニケーションのツールとして効果的に活用できる力を養います。

第5章 アクティブラーニング到来の 2010年代後半

第1節 │ アクティブラーニングの背景と広がり

　2010年代後半に入ると、日本の英語教育は大きな転換期を迎えました。その中心にあったのが、「アクティブラーニング」の導入です。アクティブラーニングとは、従来の「受動的な学び」から脱却し、生徒が自ら考え、議論し、主体的に学ぶことを強調する学習手法です。文部科学省が2016年に発表した「学習指導要領改訂」においても、「主体的・対話的で深い学び（アクティブラーニング）」が明記され、日本中の学校がこの新しい学習スタイルを取り入れ始めました。

　アクティブラーニングが推進される背景には、グローバル化が進み、知識を単に暗記するだけでは対応できない社会になってきたことが挙げられます。英語の授業においても、単なる文法や語彙の学習ではなく、思考力や表現力を重視した実践的な活動が求められるようになりました。これに伴い、英語教育の現場では、生徒同士が英語で意見交換を行ったり、問題解決型の課題に取り組んだりする場面が増えています。

第2節｜主体的・対話的で深い学び

「主体的・対話的で深い学び」は、アクティブラーニングの柱となる考え方です。文部科学省はこれを「生徒が自らの学びを振り返り、主体的に学ぶ姿勢を育成すること」と位置づけています。この学びの形態では、教師が一方的に知識を伝えるのではなく、生徒が自分の考えを持ち、他者と議論しながら理解を深めていくことが重視されます。

例えば、英語のディベートやディスカッション活動は、まさに「主体的・対話的で深い学び」の実践例です。生徒たちは与えられたトピックについての情報を集め、自分の考えを構築し、他者と意見を交わす中で新しい視点や知識を得ることができます。これにより、英語の4技能5領域（読む・書く・聞く・話す〈やり取り・発表〉）が統合的に鍛えられると同時に、論理的思考力やコミュニケーション能力も向上します。

第3節｜学習指導要領の改訂と大学入試改革

2017年に改訂された新しい学習指導要領では、これまでの「知識伝達型教育」から、「学びの質を高める教育」への転換が図られました。これにより、英語教育も「知識の暗記」から「使える英語」の習得へと重点が移り、生徒が英語を用いて「何を表現するか」「どのように考えるか」

が重視されるようになりました。

　また、大学入試改革の一環として、2020年には「英語4技能試験」の導入が検討され、外部試験（英検やTOEFL）を利用して「話す力」「聞く力」の評価が行われる予定でした（最終的には見送られました）。これらの変化は、英語の授業において、アクティブラーニングを取り入れた学習方法を一層推進させる結果となりました。

第4節｜「5ラウンド方式」と「教えない授業」

　アクティブラーニングの概念を取り入れた教育手法として、特に注目されたのが「5ラウンド方式」と「教えない授業」です。これらの手法は、生徒自身が学習に能動的に取り組むことで、知識の定着と応用力を高め、学びの効果を最大化することを目的としています。

　5ラウンド方式は、2012年に横浜市立南高等学校附属中学校で開発された英語指導法です。この指導法は、授業を5つのラウンドに分けて進行させることに特徴があり、それぞれのラウンドが異なる学習ステップを担いながら、生徒の理解を深めていく仕組みになっています。さらに、この方式では各段階で繰り返しを効果的に取り入れることで、生徒が学びを積み重ね、知識を確実に自分のものにしていくプロセスが強調されている点も特徴的です。

ラウンド1：リスニングによる内容理解

　最初のラウンドでは、生徒は音声教材を用いてテキストの内容を聴き、全体の流れを把握します。音声を通して物語の筋や要点を理解することで、次のラウンドでの読解や発音練習への準備を整えます。

ラウンド2：内容理解した本文での音と文字の一致

　この段階では、リスニングで理解した内容を基に、テキストを視覚的に確認しながら「音」と「文字」を一致させる練習を行います。リスニングによるインプットと文字の確認を組み合わせることで、理解がさらに深まると同時に、正確な発音やスペリングの習得にもつながります。このラウンドでは、繰り返しテキストを確認することが重要で、何度も聴き返すことによって音と文字の関連性を意識できるようになります。

ラウンド3：音読

　音と文字の一致を確認した後、生徒はテキストを声に出して読みます。音読を通じて、イントネーションやリズム、アクセントを身につけると同時に、英語の文構造や表現に対する感覚を磨きます。ここでも、繰り返しの練習を通して流暢さ（fluency）を高め、自然な発話を目指します。繰り返し音読を行うことで、表現や語彙が無意識のうちに定着し、アウトプットの際に素早く引き出せるようになるこ

とが期待されます。

ラウンド4：穴あき音読

このラウンドでは、部分的に単語やフレーズが抜け落ちたテキストを用いて音読を行います。文章の一部が隠されているため、生徒は前後の文脈や理解した内容を基にして、欠けた部分を補いながら読む必要があります。このプロセスでは、繰り返し確認することで、記憶の定着と文脈の理解を同時に図り、自分の知識を使って積極的に考える力を養います。

ラウンド5：リテリング（自分の言葉でストーリーを伝える）

最後のラウンドでは、これまでのステップで学んだ内容を基に、テキストを自分の言葉で要約したり、話し直したりする活動（リテリング）を行います。このプロセスでは、学習した表現や文法を用いながら、自分自身の発話を構築していくため、思考力や表現力が強化されます。また、繰り返し表現を再生産することで、学びを「理解」から「活用」へと昇華させることができます。自分自身の言葉で表現する活動を繰り返すことにより、学んだ内容が単なる知識としてではなく、自分のものとして深く刻まれていくのです。

このように「5ラウンド方式」は、繰り返し学習を通じて、

生徒が授業の各ステップで主体的に活動することを促し、学習内容を段階的に深めていくことを目指した指導法です。繰り返し行うことによって、記憶の定着が強化され、学んだ知識が長期的に保持される効果があります。また、単なる知識の習得にとどまらず、学びを通して得られた知識をさまざまな文脈で再構築する力や、記憶を定着させる力を育みます。

　一方、「教えない授業」とは、従来の授業スタイルとは一線を画す新しい教育アプローチであり、山本崇雄氏や布村奈緒子氏などが実践する手法として知られています。従来の授業では教師が教科内容を説明し、生徒はそれを受け取る受動的な学習形態が一般的でした。しかし、「教えない授業」では、教師が直接的に教科内容を教えるのではなく、生徒自身が目標を設定し、学習手段を選び、主体的に学びを進めることが特徴です。

　この授業において、教師はファシリテーターとして学習を支援します。授業では「個人目標」と「共通目標」が設定されます。「個人目標」では、生徒一人ひとりが自分の学習目標を設定し、学習手段を選んで進める「個別最適な学び」や「自己調整学習」を行います。一方、「共通目標」では、授業冒頭に教師が問いを投げかけ、生徒が自ら考えることで主体的な学びの姿勢を育てます。例えば、「地球温暖化について知っていることは？」「フードロスを減らすアイデアは？」といった質問を通じて、生徒の既存知識

を引き出し、新たな問いや学びを生み出します。

　生徒は提示された課題や問いを意識しながら教科書を読み進めます。個人学習だけでなく、ジグソー法など協働学習も取り入れ、学力差に関わらず学びを深められる工夫が施されます。さらに、問いに対して必要な情報を調査し、自分たちなりの結論や意見を導き出します。その際、教科書や資料に加え、インターネットや図書館など外部リソースも活用し、情報収集・分析・整理を行います。この過程で養われる情報リテラシーや批判的思考力は、単なる知識の蓄積にとどまらず、現代社会に必要なスキルとなります。

　その後、生徒たちは教科書の内容を絵などで再現し（リプロダクション）、自分の答えを発表します。このプロセスを通じて、他者の考えを尊重しながら自分の意見を論理的に説明する力が養われ、「対話力」や「協働力」の向上が期待されます。教師はこの過程を見守り、必要に応じて問いやヒントを与えながら、生徒が主体的に課題に取り組める環境を整えます。

　生徒が自ら学ぶ過程で、第二言語習得理論などに基づいたさまざまな学び方を手に入れるので、「戦略的学習力」が身につくことが期待できます。戦略的学習力はこれからの時代に必要な力とされ、英語に限らず、新たなことを学ぶ際に再現できる力です。

　現在、「教えない授業」の実践は教科や学年を超えて広がり、生徒が自ら学び方を選ぶ形へと発展しています。例

えば中学校の英語の授業では、「先生が教える教室」「生徒同士で教え合う教室」「一人で学ぶ教室」「企業と連携した英会話教室」などから、生徒が自分に合った学び方を選択します。教師が一方的に教えるのではなく、生徒自身が選択と自己決定を繰り返すことで、自律した学びの力が育まれる――これこそが「教えない授業」の最大の特徴です。

アクティブラーニング型授業の実践例

模擬国連を取り入れた英語授業

 模擬国連（Model United Nations, MUN）を授業に取り入れることは、生徒に国際問題を議論する機会を与え、批判的思考や協働的な学びを促進する有効な手法です。この活動は、アクティブラーニング（AL）の一環として、生徒が主体的に学びに取り組むことを目指しています。以下では、模擬国連の授業導入とそのアクティブラーニング効果について述べます。

模擬国連の意義と授業への導入

　模擬国連は、国連の会議形式を模倣し、生徒が各国の代表者として国際的な課題に取り組むシミュレーション活動です。参加者は自国の立場を理解し、それに基づいて他国と議論を交わしながら解決策を探ります。例えば、気候変動や貧困問題といったグローバルなテーマを取り扱うことで、生徒の社会問題への関心を高めることができます。

授業においては、まずテーマに関連する背景知識を提供し、各生徒が担当する国や問題についてリサーチを行います。その後、ディベート形式で他国との意見交換を行い、合意形成を目指す流れとなります。この過程で、生徒は英語のスキルだけでなく、リサーチ力、論理的思考力、交渉力を育むことができます。

アクティブラーニングとの連携

　模擬国連は、アクティブラーニングの重要な要素である「主体性」「協働性」「深い学び」を促進する活動です。アクティブラーニングの基本理念は、生徒が自ら課題に取り組み、他者と協力しながら解決策を見出すことで、深い学びを実現することにあります。模擬国連の活動を通して、生徒は自分たちで情報を収集し、それを基に論理的に主張し、他国との対話を通じて新たな視点を得ることができます。

　具体的な活動としては、まず担当する国の視点から現実の国際問題を分析し、政策を提案します。次に、ディベートを通じて異なる立場の意見を聴き、交渉や合意形成のプロセスを体験します。このプロセス自体がアクティブラーニングの実践であり、単なる知識の受け取り手ではなく、学習の主体として積極的に関わることが求められます。

76　第1部　英語教育30年の変遷

模擬国連の教育効果

　模擬国連を通じて得られる教育効果は多岐にわたります。第一に、リサーチと議論を通じて英語の「読む」「書く」「話す」「聞く」という4技能を総合的に向上させることができます。特に、生徒が自らの意見を英語で表現し、他者と意見交換を行うことで、実践的なコミュニケーションスキルが養われます。

　第二に、模擬国連は、異なる文化や価値観を理解する機会を提供します。異なる国の視点を知ることで、多様性を理解し、国際感覚を養うことができます。これにより、生徒はグローバルな視点で物事を考える力を培い、今後のキャリアに役立つスキルを身につけることができます。

第6章 デジタル化とICT活用の台頭

第1節 | GIGAスクール構想

　21世紀に入ってから、特に2010年代後半以降、教育現場ではデジタル化とICT（Information and Communication Technology）の急速な普及が見られ、英語教育もその影響を強く受けるようになりました。従来の「紙と鉛筆」に依存した学習スタイルから、電子黒板、タブレット端末、オンライン教材、教育用アプリケーション、さらにはAI（人工知能）を活用した学習支援ツールへと学習環境は劇的に変わり、学びの形が大きく進化しました。特に2019年に導入された「GIGAスクール構想」によって、小中学校の全ての児童・生徒に1人1台の端末が支給され、全国規模でICTを活用した教育が推進されることになりました。この政策により、教室はもはや「デジタルなしでは語れない」環境へと変わり、英語教育もまたデジタルツールを効果的に活用した授業スタイルへとシフトしました。

　デジタル化が進む中で、豊嶋正貴氏はICT教育の推進に大きく貢献しました。彼は学校現場でのICT活用の実践者として知られ、デジタル教材やプラットフォームの開発に携わり、また全国各地の教育現場において、デジタル

教育の導入をサポートする研修を積極的に行いました。特に、GIGAスクール構想以前から、ICT機器を活用した授業デザインを推進し、教員がデジタルツールを効果的に活用するためのノウハウを広めたことで、多くの教育機関のICT導入を円滑に進める役割を果たしました。彼の功績により、教師は単なる機器の使い方だけでなく、デジタル技術を授業にどう組み込むか、学習者の理解を深めるための指導方法を学ぶことができるようになりました。

　デジタル化が進むことで、英語学習は「教師から生徒への一方向的な知識の伝達」から「学習者自身が主体的に取り組む学び」へと移行しています。Google ClassroomやMicrosoft Teamsといった学習管理システム（LMS）により、教室内外での授業や課題管理がシームレスに結びつき、学習者の進捗をリアルタイムで把握しながら、各個人に合わせた指導を行うことが可能となりました。さらに、ZoomやGoogle Meetなどのオンライン会議システムは、対面授業とオンライン授業を組み合わせたハイブリッド学習のスタイルを促進し、物理的な制約を超えた学びの機会を提供しています。AIを活用した英語学習アプリ（例: Duolingo, Grammarly, ELSA Speak）は、発音や文法の誤りを瞬時に指摘し、学習者個別の学習ニーズに応じたパーソナライズされたフィードバックを提供することで、各自が自分のペースで英語力を向上させることを可能にしています。これにより、学習者はただ教材を学ぶだけでな

く、自分の弱点をデジタル技術の助けを借りて克服することができるようになりました。

　また、豊嶋氏はこうしたデジタル教材の活用方法や効果的な指導法についても研究を行い、数々の講演や専門誌を通じて教育者に情報を提供してきました。その結果、e-learning教材の進化により、リスニングやリーディングといった伝統的な言語学習も大きな変化を遂げ、学習者がどの教材をどのくらい学習したかを自動的に記録し、その理解度を数値化する機能が普及することで、学習者は自分の進捗を客観的に把握し、自己調整力を養うことが可能となりました。さらに、近年ではVR（仮想現実）やAR（拡張現実）を活用した英語学習も登場しており、VRを用いた仮想空間での英会話練習や、ARを用いて現実世界に英語の単語やフレーズを表示することにより、まるで英語圏にいるかのような没入感を伴った学習体験が提供されています。これらの技術は、従来の「暗記中心」の学習スタイルを超え、体験を通じた実践的な英語力の習得を支援しています。

　デジタル化の進展に伴い、教師の役割も変容を遂げています。従来の「知識を伝える存在」であった教師は、今では「学習者の学びを支援するファシリテーター」としての役割を担うことが求められています。ICTの導入により、学習者はいつでもどこでも学習にアクセスできる環境が整備されたため、教師は効果的なデジタル教材の選択や、学

習者の自主的な学びを促すアプローチを考える必要があります。豊嶋氏は、ICT活用における教師の役割変化についても積極的に提言を行い、教員が効果的にICTを活用しながらも、対話を通じた学びをいかに支えるかを重視した指導方法を推奨してきました。彼の影響により、英語教育はますます「個別化された学び」へと進化しています。

COLUMN

英語教育が切り開いた道
～S先生との出会い～

　私が英語教師を志すきっかけとなったのは、中学1年生のときに初めて出会った英語のS先生です。当時、勉強が得意ではなかった私にとって、S先生の授業は特別なものでした。Q&Aを中心に行うアウトプット活動が多く、使える英語を意識した、分かりやすく楽しい授業でした。その授業を通じて、私は自分の中にある可能性を英語に見出しました。これが、私の英語との出会いでした。

　その後、私は大学まで英語を学び続け、やがて塾で教える機会を得ます。大学院で学び直したあと、高校の英語教師となりました。振り返ると、あのときは夢にも思わなかったことですが、今では大学で英語を教える立場となっています。まさに、英語教育が私の人生の道筋を大きく変えてくれたのです。

　現代の英語教育では、リスニング、スピーキング、リー

ディング、ライティングの4技能5領域を統合する授業が主流ですが、あのときのS先生の授業は、まさにその先駆けのようなものでした。当時としては最先端の教育法だったように思います。実用的な英語を楽しく学べるS先生の授業が私の意欲を引き出し、学び続ける原動力となりました。

　英語教育には、人の人生を変える力があります。私自身の経験から、教えることの意義を強く感じています。今、私は自分が英語教師として、どれだけの影響を与えられるのかという責任と期待を胸に、日々の授業に熱意を注いでいます。一人ひとりの生徒や学生が自分の可能性を見つけ、夢を実現していく手助けをすることこそが、私の使命だと感じています。

効果的な英語学習Ⅲ

　アクティブラーニング重視の学習法は、現代の英語教育において、学習者の主体的な学びを促進し、深い理解と実践的なスキルを育むために非常に有益なアプローチです。従来の受動的な学習法とは異なり、アクティブラーニングでは学習者が中心となり、自らの経験や知識を生かしながら問題解決やディスカッションに取り組むことで、より効果的に英語を身につけることができます。

　まず、アクティブラーニングの基本的な考え方は、学習者が課題に積極的に関与し、授業の内容を単に受け取るのではなく、実際に使いこなすことで学びを深めることです。英語

教育においては、例えばグループワークやペアワークを通じて、学習者が相互にアイデアを共有し、英語を実際に使用する機会を増やすことができます。このような協働型の学習活動は、英語でのコミュニケーション力を向上させると同時に、問題解決能力や批判的思考力も養うことができます。言語学習は単なる知識の暗記ではなく、実際に使えるスキルを習得するプロセスであり、アクティブラーニングはそのプロセスを効果的にサポートします。

　さらに、アクティブラーニングは学習者の主体性を引き出すため、学習に対するモチベーションが高まります。現代の教育では、学習者の多様なバックグラウンドや興味を考慮し、個々の学びを尊重することが重要視されています。アクティブラーニングでは、学習者が自分自身のペースで進めたり、自らの興味に基づいて課題に取り組んだりすることができるため、学習の自主性が高まります。例えば、プレゼンテーションやプロジェクトベースの学習を通じて、学習者は自分の考えを表現し、実際の場面で英語を使う経験を積むことができます。このような活動は、教室での学習をより実践的で有意義なものにし、将来の英語使用場面での応用力を高めます。

　また、アクティブラーニングのもう一つの大きな利点は、批判的思考力と自己評価能力を養う点です。伝統的な一方向的な授業では、学習者は知識を受け取るだけで終わりがちですが、アクティブラーニングでは、学習者が自らの学びを振

り返り、理解度を自己評価するプロセスが重視されます。例えば、ディスカッションやフィードバックの場面で、自分の意見や他者の意見を客観的に分析することが求められるため、英語を使って深く考え、自らの言語運用能力を向上させることができます。

　現代の英語教育において、アクティブラーニングは、学習者の英語力を実際のコミュニケーションに生かせる形で育成するために非常に有益です。知識を単に暗記するだけでなく、英語を使って他者と対話し、自分の意見を構築し、現実の問題に対処する力を養うため、アクティブラーニングは、21世紀のグローバルな社会で求められる英語力を育てる最適なアプローチと言えるでしょう。

第 2 部

2020年代
英語教育の現在

～中学・高校・大学での授業実践より～

第1章 コロナショックで確立した中・高のオンライン授業

　コロナショックは教育の現場に大きな変革をもたらしました。特にオンライン授業と動画配信は、これまでの教育スタイルを根本的に見直す機会となり、多くの教育機関が急速に対応を進めました。これらの新しい教育方法は、単なる危機対応策を超え、アフターコロナの今後の教育の可能性を広げる重要な要素となるでしょう。

　オンライン授業の導入により、教育現場ではこれまで以上にデジタルツールの活用が進んでいます。PowerPointやGoogle Slidesなどのスライド作成ツールは、授業内容を視覚的に分かりやすく伝えるための主要な手段となり、授業の展開を効率化しています。特に、対面式授業での板書時間を削減できる点や、豊富な画像やメディアを活用できる点が、オンライン授業の大きな利点です。例えば、教科書の内容をPowerPointで視覚化し、音声や画像を組み合わせることで、生徒の理解を深めるとともに、授業の進行をスムーズにしています。

　また、オンライン授業では、クラス全体でのQ&Aセッションや、イラストを用いた発音練習、文法の解説など、インタラクティブな要素を取り入れることで、効果的な学びを実現しています。例えば、オンラインプラットフォー

ムのチャット機能を活用して、リアルタイムでのフィード
バックや修正が可能になり、対面式授業に匹敵する学習効
果を得ることができます。

　動画配信の利用も、オンライン授業の一環として大きな
役割を果たしています。ALT（外国語指導助手）が自己紹
介を行い、その内容に関連する課題をGoogleフォームで
提供するなど、生徒が興味を持ちやすい形式での学習が進
められています。これにより、生徒は自宅での学習活動を
より効率的に行うことができ、教師も課題の提出状況や理
解度を瞬時に把握することが可能です。

　さらに、ペアやグループワーク活動においても、オンラ
イン環境は工夫次第で非常に効果的です。マイクをオンに
することで、ペア・グループでの対話やロールプレイが行
えるようになり、授業中のインタラクションを保ちながら、
協働的な学習が実現できます。また、チャット機能を使っ
たリアルタイムでのフィードバックは、生徒が自分のパ
フォーマンスを客観的に評価する手助けとなり、新たな「気
づき」を促進します。

　コロナショックを契機に確立されたオンライン授業と動
画配信は、教育の柔軟性と効果を高める新しい方法として
定着しつつあります。これらの方法は、今後の教育の中で
重要な役割を果たし続けるでしょう。教育の現場が直面す
る新たな課題に対処し、学びの質を向上させるために、引
き続き技術を活用した授業作りが求められています。

第2章 こんなに変わった中学校の英語授業

　2021年度から中学校で新学習指導要領が導入され、その影響を高校での指導にどう生かすかが問われています。この新しい指導要領は、知識や技能だけでなく、思考力や表現力、人間性の育成を重視しています。私は私学の中高一貫校で高校教員として勤務しながら、中学3年生の授業を担当する貴重な機会を得ました。ここでは、新学習指導要領の変化について具体的な事例を挙げ、高校での指導に役立てられればと思います。

　まず、新しい指導要領では習得すべき語彙数が約1200語から1600〜1800語に増加しました。中学3年生の教科書『NEW HORIZON 3』（東京書籍）には、高校レベルの単語が登場することに驚きました。次に、文法の項目も変化しています。例えば、現在完了進行形や仮定法過去、原形不定詞が新たに導入され、高校で学ぶ内容が中学校に下りてきたことが注目されています。特に仮定法は、自己表現の幅を広げるために早期に取り組むべきと感じます。

　また、関係代名詞の指導方法にも変化があります。従来の主格から教えるのではなく、目的格の省略から導入されている点に衝撃を受けました。このアプローチは、実際に使用頻度の高い形を先に学ばせる狙いがあると考えます

が、生徒がその構造を理解するには難しさが伴います。

　教科書『NEW HORIZON 3』では、SDGs に基づいたテーマが設定され、生徒が持続可能な社会の創り手となるよう配慮されています。各ユニットは、具体的な場面や状況を通じて思考力や判断力、表現力を高める構成になっており、生徒たちの興味を引きつける内容です。

　例えば、仮定法の指導においては、単に文法の形を教えるだけでなく、実際の文脈を与え、具体的な状況を考えさせることで、生徒が生きた英語を体験できるように工夫しています。このような指導が、今後の高校教育においても重要になると感じています。

　新学習指導要領の導入により、中学校の英語教育は大きく変わりました。高校教師としてこの変化を意識し、指導方法を工夫することが求められています。生徒が中学校で習得する内容は、高校、大学、さらには社会人としても生かされるため、生徒にとって初めて英語を本格的に学ぶ「最初の英語教師」として、その役割の重要性を再認識しています。

第3章 内容を通じて英語を学ぶ 高校のCLIL型授業

　CLIL（Content and Language Integrated Learning、内容言語統合型学習）は、英語教育における多様で柔軟なアプローチとして注目されています。CLILは英語そのものを学ぶことを目的とするのではなく、英語を通じてトピックやテーマについて学びながら言語運用能力を高める手法です。

　CLILには、内容重視型のHard CLILと、言語重視型のSoft CLILというアプローチの幅があります。ヨーロッパでは、数学や理科といった他教科の内容を英語で学ぶHard CLILが普及していますが、日本の中高における英語授業では、教科書で扱われるトピックやテーマ（例：環境問題や異文化理解）を掘り下げながら、生徒の興味や関心を引き出し、言語運用能力を高めるSoft CLILの実践が現実的です。このアプローチでは、文法や語彙の学習も内容や意味と関連付けて行われ、形式的な学習が独立してしまうことを避ける工夫がなされています。

　言語運用能力を高めるという点についても、教師の適切な介入やサポートが重要です。例えば、トピックに関連する語彙や文法を説明したり、必要に応じて練習を取り入れることで、内容と形式の両方をバランスよく学ぶことがで

きます。この際、教師は足場掛け（scaffolding）を行い、生徒が難易度の高いタスクに取り組む際に段階的にサポートを提供します。こうしたプロセスを通じて、生徒は英語を使いながら知識を深め、実践的な言語力を養うことができます。

　和泉伸一氏は、CLILの日本への導入とその普及において大きな役割を果たしました。高等学校でのCLIL型教育の実現に向けて、教員研修や教材開発を推進し、生徒がトピックを通じて言語と内容の両面で学ぶ機会を提供しています。和泉氏の取り組みは、日本の英語教育に新たな可能性を切り開いており、次世代の学びの形を築く上で重要な指針となっています。

CLIL型授業の実践例 ①

ピクトグラムを活用した英語授業

　CLIL（Content and Language Integrated Learning）を取り入れた授業は、生徒の「思考力・判断力・表現力」を高めるための効果的な手法です。例えば、『MY WAY English Communication Ⅱ New Edition』（三省堂）のLesson 1では、1964年の東京オリンピックで用いられたピクトグラムを教材にし、言語や文化の違いを超えたコミュニケーションの重要性を教えます。教師は生徒に「What does this pictogram mean?」と問いかけ、生徒は自ら考えを巡らせ、ピクトグラムの意味を探ります。答え

方の定型表現として"It means 〜."を教えた後、クラス全体でのやり取りを促し、その後ペアワークでさらに深い対話を行います。このような活動は、英語に対する苦手意識を和らげ、思考力や判断力を高めることに寄与します。

　授業の進行中、教師はパラフレーズを用いて回答を確認し、言語面にも焦点を当てた指導を行います。これにより、生徒は異なる表現と同時に思考力や判断力を養いつつ、効果的に表現力を伸ばすことができます。

　次に、Lesson 2では、海のプラスチックごみを取り上げ、SDGs（持続可能な開発目標）との関連性を探ります。生徒はこのテーマを通じて、複数の情報源から知識を得て、自己の考えを整理し、発表や文章作成に取り組みます。ここでは、興味・関心に基づいた深い学びが促進され、生徒は具体的な問題解決策を提案する力を身につけます。SDGsの目標に照らして自分の考えを英語で表現する際には、論理的な思考が求められます。

　生徒は、自分の意見を効果的に伝えるためにプレゼンテーションの準備を行い、パワーポイントを使用して視覚的に訴える方法を学びます。このように、CLILを通じて言語を学ぶだけでなく、社会問題についても考察し、リアルな社会へつながる学びが実現します。授業の目的は、単なる語学力向上ではなく、社会に役立つ知識や技能を養い、未知の状況にも対応できる力を身につけることです。CLILを活用することで、生徒は実践的な学びを通じて自

己表現の幅を広げ、社会との接点を持つことができるようになります。

CLIL型授業の実践例②
国旗の色を活用した英語授業

　南アフリカの国旗は、その色彩とデザインに深い歴史的および文化的な意味を込めています。国旗の色の意味を理解することは、南アフリカの文化や歴史を学ぶ上で重要です。一方で、英語学習において「表す」という表現の使い方を適切に理解することもまた、言語スキルを高めるために必要です。これらを効果的に学ぶためには、CLIL授業が非常に有効です。

　南アフリカの国旗は、青、緑、黒、赤、黄の5色で構成されており、それぞれが異なる意味を持っています。例えば、青は空と海を、緑は自然の豊かさを、黒は国の人々を、赤は自由と平等のために流された血を、黄は鉱物資源の豊かさを表しています。国旗の色に込められた意味を深く理解することは、南アフリカの歴史的背景や文化を学ぶ手助けとなります。

　この国旗の色の意味を理解するために、歴史や社会科の内容を英語を通して学ぶCLIL型授業が有効です。歴史や社会科の授業では、南アフリカの歴史的背景や文化、国旗のデザインの由来について学びます。この知識を基に、英語の授業では「表す」という表現を用いた具体的なフレー

ズや文を学ぶことができます。例えば、「The colors of the South African flag represent various aspects of the country's history and culture.」という文を通じて、「represent（表す）」の使い方を理解することができます。

　さらに、英語の授業では、国旗の色に関するディスカッションやプレゼンテーションを行うことで、実際に「表す」という表現を使って自分の考えを表現する練習ができます。例えば、「The yellow color in the South African flag represents the country's natural resources.」といった文を作成し、国旗の色がどのような意味を表しているかを説明することで、英語の表現力を向上させることができます。

　このように、歴史や社会科と英語の授業を統合的に行うことで、国旗の色の意味と英語表現「表す」の使い方をより深く理解することができます。CLIL型授業は、内容を通して英語を学ぶことで、学習内容をより実践的で関連性のあるものにし、生徒の理解を深めるための有効な手段となります。

第4章 他教科と英語を連携させる高校の教科横断型授業

　教科横断型授業（Cross-Curricular Teaching）とは、複数の教科にまたがる内容やテーマを統合して関連付けるアプローチです。これによって生徒はさまざまな科目で学んだ知識をより深く理解することが可能になります。例えば、理科、社会、数学などの異なる教科と英語を組み合わせて、共通のテーマや問題に取り組むことによって、より包括的な理解を促進します。

　SSH（Super Science High School、スーパーサイエンスハイスクール）は、教科横断型授業が広まるきっかけとなりました。この制度は、科学教育を中心に多様な教科を統合し、探究的な学びを促進することを目的としています。SSHの取り組みを通じて、教科間の連携が強化され、教師や生徒がさまざまな分野を横断的に学ぶことの重要性を認識するようになりました。その結果、教科横断型授業は、より実践的で意味のある学びを提供する方法として、広く採用されるようになっています。

教科横断型授業の実践例 ①

物理 × 英語

speedとvelocityの違いを深く理解するための
教科横断型授業の有効性

　英語教育において「speed」と「velocity」の違いを理解することは、単なる語彙の習得にとどまらず、物理学的な概念の理解につながります。これらの用語の違いを深く理解するためには、教科横断型授業が非常に有効です。

　speed（速度）とvelocity（速度、または速さ）は、日常生活や学問の中で頻繁に使われる用語ですが、物理学的には異なる意味を持ちます。speedは物体が移動する速さを示すスカラー量であり、方向を持ちません。一方で、velocityは物体の移動の速さだけでなく、移動の方向も含むベクトル量です。この違いを理解することは、物理的な現象を正確に把握するために不可欠です。

　教科横断型授業は、こうした複雑な概念を多角的に理解するために非常に効果的です。例えば、物理学の授業でspeedとvelocityの違いを学ぶだけでなく、英語の授業でこれらの用語を使用する文章を作成し、実際の使用例を分析することで、理解を深めることができます。物理学の観点からは、speedとvelocityの公式や計算方法を学び、具体的な問題に取り組むことで、理論的な理解を深めることができます。

　さらに、数学の授業と連携させることで、グラフや方程

式を用いた実践的な演習を通じて、speedとvelocityの概念を視覚的に捉えることが可能です。例えば、グラフの中で物体の移動を描写し、異なる速度や方向の変化を分析することで、ベクトル量としてのvelocityの概念を具体的に理解することができます。

このように、教科横断型授業を通じて、speedとvelocityの違いを多角的に学ぶことは、単なる理論の理解を超えて、実際の問題解決能力を高めるための有効な手段です。物理学、数学、英語を統合的に学ぶことで、これらの用語の意味をより深く、実践的に理解することができ、学問の枠を超えた統合的な知識が養われます。

教科横断型授業の実践例 ②

古典 × 英語

『源氏物語』の原文と英訳の比較を通じた
教科横断型授業の有効性

『源氏物語』は、平安時代の日本文学を代表する作品であり、その豊かな表現力と深い意味が多くの読者を魅了してきました。この古典文学の原文と英訳を比較することは、言語間の相違や類似点を理解するために非常に有益です。特に、教科横断型授業を通じてこの比較を行うことは、異なる視点からの理解を深め、言語学習をより充実させるための有効な方法です。

『源氏物語』の原文は、古典的な日本語の特徴を持ち、そ

の文体や表現は現代の日本語とは大きく異なります。英訳においては、この古典的な表現をいかに現代英語で再現するかが課題となります。ここで重要なのは、翻訳における意訳と直訳のバランスを取りながら、原文のニュアンスや文化的背景をどのように反映させるかです。このプロセスは、言語間の相違だけでなく、文化的な相違や類似点も浮き彫りにします。

　教科横断型授業では、文学、言語学、翻訳学といった複数の視点から『源氏物語』を分析することが可能です。文学の授業では、原文の文体やテーマを深く探究し、翻訳における忠実性や解釈の違いを考察します。言語学の視点からは、古典日本語と現代英語の構造的な違いや共通点を分析し、語彙や文法の違いが意味の伝達に与える影響を探ります。翻訳学の視点では、翻訳者がどのようにして原文の意味や感情を英語で表現しているかを具体的に分析し、翻訳のアプローチや戦略を理解します。

　このように、教科横断型授業を通じて『源氏物語』の原文と英訳を比較することで、言語間の微妙な違いを理解するだけでなく、翻訳の過程でどのような文化的・言語的選択がなされるかを学ぶことができます。さらに、異なる教科を統合的に学ぶことで、単一の視点では得られない深い理解が得られ、言語学習がより実践的で豊かなものとなります。このようなアプローチは、生徒に対して複雑な概念をより深く理解させ、異文化理解を促進するための強力な

手段となるでしょう。

教科横断型授業の実践例 ③

数学 × 英語

集合の考え方と英語の「set」の使い方を深く
理解するための教科横断型授業の有効性

「集合（set）」という概念は数学の基礎として非常に重要であり、数や物事を整理し、分類するための基本的なツールです。一方で、英語における「set」という言葉も多くの意味を持ち、さまざまな文脈で使われます。集合の概念と英語の「set」の使い方を深く理解するためには、教科横断型授業が非常に有効です。

数学の授業では、集合の基本的な定義や性質、集合の演算（和、積、差など）を学びます。集合は、特定の条件を満たす要素の集まりとして、数や物を分類するために用いられます。この数学的な概念を理解することは、論理的思考や問題解決能力を養うために不可欠です。

一方、英語の授業では、「set」という単語のさまざまな使い方を学びます。英語の「set」は、名詞、動詞、形容詞として幅広く使われます。例えば、名詞としての「set」は「一組」や「セット」、動詞としては「設定する」、形容詞としては「決まった」などの意味があります。これらの用法を理解することは、英語の文脈に応じた正しい表現を学ぶために重要です。

第4章　他教科と英語を連携させる高校の教科横断型授業　99

教科横断型授業を通じて、数学と英語の知識を統合的に学ぶことは、これらの概念をより深く理解するための効果的な方法です。例えば、数学の授業で「集合（set）」の概念を学びながら、英語の授業で「set」のさまざまな用法を実際の文脈で学ぶことで、これらの知識がどのように関連しているかを理解することができます。数学的な集合の例を用いて、「a set of headphones」や「a set of furniture」といった英語のフレーズを使ってみることで、実際の使用例に基づいた学習が可能です。

　さらに、プロジェクトやグループ活動を通じて、集合の概念を英語で説明する練習をすることで、英語の表現力を高めながら数学的な理解を深めることができます。例えば、「In mathematics, a set is a collection of distinct elements. In English, 'set' can refer to a group of related items, like a set of dishes.」といった文を作成することで、数学と英語の知識を統合的に活用することができます。

　このように、教科横断型授業は、集合の数学的な概念と英語の「set」の使い方を相互に関連付けて学ぶための有効な方法です。異なる教科の知識を組み合わせることで、生徒はより深い理解を得ることができ、実践的なスキルを身につけることができます。

教科横断型授業の実践例 ④

総合問題への対応・数学×英語

　早稲田大学政治経済学部の入試「総合問題」に対応するため、英語の授業で数学の先生と協働しながら教科横断型授業を行いました。この授業では、生徒が政治・経済学に関する専門性の高い英語の長文問題に取り組む際に必要となる幅広い教養を身につけることを目的としています。

　授業は、まず英語の長文を用いた読解から始まります。生徒は、経済や時事に関する書籍や資料に日常的に触れることで、必要な背景知識を深めます。この過程では、論理的思考を促すために、段落ごとの論理展開を意識しながら読み進める方法と、設問から必要な情報を迅速に見つけるスキャニング能力を同時に育成します。

　次に、ギリシャの統計改ざん問題に関連する設問に取り組みます。具体的には、固有名詞が多く登場する英文から情報を抽出し、関連性を把握する「情報処理」の能力を鍛えます。生徒は、英文中のデータを基に、ギリシャの経済状態の推移について推測を行い、論理的に考える力を養います。

　さらに、数学的知識を必要とする融合問題にも挑戦します。この問題では、対数の定義や常用対数表を用いたアプローチが求められます。生徒は、英語でギリシャの財政危機の概要を理解し、その後、数学教師が数学的な視点から問題を解説します。この過程で、生徒は教科横断的な学び

を体験し、数学と英語の関連性を深く理解する機会を得ます。

　授業の中で、例えば「$P(d) = \log_{10}(d+1) - \log_{10}d$」という数式を英語で表現する際、前置詞の使い方や数学的な概念との関連を考察することで、より深い気づきを促します。このように、教師同士のやり取りを通じて生徒たちが教科の境界を超えた理解を得ることが期待されます。

　最後に、生徒は自分の分析結果を発表することで、英語での論理的な表現力を鍛えます。プレゼンテーションを通じて、他の生徒からのフィードバックを受け取り、批判的思考を育む場ともなります。

　この授業を通じて、生徒は多様な視点から問題を考え、実社会における課題解決能力を高めていきます。教科横断型の学びを通じて、将来のリーダーとして必要な資質を身につけることができると考えています。

第5章 高校の探究型・PBL型授業

第1節 │ 他教科と絡めた探究型授業

　現代の英語教育は、単なる語学習得を超えて、他教科との統合を図る探究型授業が注目されています。このアプローチは、英語を他の教科と結びつけて学ぶことで、実用的な言語運用能力とともに、幅広い知識や思考力を育むことを目指しています。

　探究型授業の背景には、21世紀の学習者に求められる能力の変化があります。グローバル化や情報化が進む現代社会では、単に英語を話せるだけでなく、複雑な問題を解決するためのクリティカルシンキングや協働性が求められています。これに伴い、教育現場では従来の科目ごとに分離された教育から、学際的なアプローチへとシフトする動きが見られます。

　探究型授業の最大のメリットは、生徒の学びがより実践的で深いものになることです。単に英語を覚えるのではなく、他の教科の知識と結びつけて使うことで、言語運用能力が自然に身につきます。また、実際の問題を解決するための探究活動を通じて、クリティカルシンキングや問題解決能力、協働する力が育まれます。

さらに、探究型授業は生徒の興味や関心を引き出す効果があります。自分が興味を持つテーマに取り組むことで、学習意欲が高まり、自主的な学びが促進されます。これにより、生徒の主体性や自己学習能力が向上し、将来的な学習の基盤が築かれます。

第2節｜プロジェクトを基に進むPBL型授業

　探究型授業の一環として、近年特に注目されているのがPBL型の授業です。PBLは、生徒が実際のプロジェクトを通じて学ぶことで、知識やスキルを身につける教育手法です。

　PBL型授業の背景には、21世紀の学習者に必要とされるスキルの変化があります。現代の社会では、単なる知識の暗記ではなく、クリティカルシンキング、問題解決能力、コミュニケーション能力、協働する力などが求められています。PBLはこれらのスキルを自然に育むための効果的な方法として、教育現場で広く取り入れられるようになりました。

探究型・PBL型授業実践例①

理数探究 × 英語

　理数探究と英語ニュースを組み合わせる授業は、生徒たちに深い学びと興味を喚起する優れた方法です。ニュース

をテーマにしたプロジェクトでは、生徒がジグソー法を活用し、各自が異なる科学ニュースを読み、それをグループで共有します。例えば、「スーパー耐性菌を寄せつけない抗菌プラスチックラップ」や「音楽のコード進行が喜びをもたらす理由」などのニュースを通じて、科学知識と英語力を同時に高めます。

　英語教師と理科教師が連携し、英語の専門用語や文法についてサポートすることで、生徒たちは英語を学ぶ真の目的を体験的に理解します。例えば、「concentration」という単語は、文脈により「集中」ではなく「濃度」を意味することがあるなど、科学英語の特有の難しさも指摘されます。生徒は、理科教師が専門知識を交えて話すことで、英語学習の重要性を深く理解しました。

　この授業を通じて、生徒たちは英語が単なる教科としてではなく、科学的知識を得るためのツールとしての役割を体験し、将来の理数探究への意欲を高めました。実際に英語ニュースに取り組むことで、英語と科学を結びつけた学びが広がり、生徒が得た知識はクラス全体に共有され、新たな視点や疑問が生まれる貴重な学習体験となりました。

　特に、理科教師の指摘にあったように、科学英語は辞書で簡単に調べられるものではなく、背景知識が必要です。そのため、英語を読む力はますます重要であると強調されました。また、翻訳ソフトでは正確な専門用語の訳出が難しいことから、英語の読解力を磨く必要性も生徒に実感さ

せました。この授業は、生徒たちが英語を「ツール」として使い、理数探究をより深く学ぶ機会となりました。

探究型・PBL型授業実践例②

マシュマロチャレンジ×英語

「マシュマロチャレンジ」は、探究型・PBL型授業における非常に効果的なアクティビティとして注目されています。これはチームビルディングのためのアクティビティで、パスタ（乾麺）、ひも、マシュマロを使用し、制限時間内に自立可能なタワーをつくることを目指します。チームメンバー全員が共通の目標を持ち、協力しながら進める必要があり、この過程でチームワークやコミュニケーション能力が試されます。

　筆者は、教科書『Revised ELEMENT English Communication I 』（啓林館）を参考にして、実際に「マシュマロチャレンジ」の体験と考察を含む2時間の授業を実施しました。授業の1時間目では、教科書に記載されたルール説明部分を英語で読み、生徒たちは実際にマシュマロチャレンジを体験しました。活動の中では、各グループが異なるアプローチで塔を作成し、制限時間が終了すると、完成した塔の高さが計測されました。いくつかのグループが成功を収め、その瞬間の盛り上がりは非常に高かったです。例えば、あるグループは詳細な計画を立てた後、残り時間を見ながら塔を建設しました。一方、別のグループは、

いくつかのチームに分かれて試作品を作りながら試行錯誤を繰り返しました。

　2時間目には、教科書の結果と考察に関する部分の英文を読み、生徒たちは自分の体験と照らし合わせながら理解を深めました。この活動の体験に基づく読解は、より内面的な学びとなり、内容の理解が深まりました。さらに、Authentic material として TED Talks を視聴し、マシュマロチャレンジを異なる視点から考察しました。TED Talks の発話速度や語彙・表現は難易度が高かったものの、生徒たちは興味を持って最後まで視聴し、学びを深めました。

「マシュマロチャレンジ」を通じて、生徒たちは体験と知識が結びつく瞬間を実感し、その結果、深い学びを得ることができました。このような対話的で実践的な体験は、オンライン授業では得られない価値があります。知識の習得は自宅でのオンライン授業でも可能ですが、対面でのリアルな体験による深い学びは、学校での対面授業でしか得られないものです。このことは、今後の教育のあり方を考える上で重要な示唆を提供しています。対面授業の価値を再評価し、オンラインと対面授業のバランスを取ることが求められると感じました。

　授業の最後には、生徒たちの振り返りを通じて得た教師としての学びも重要です。振り返りシートからは、協働作業がチームの協調性を生み出すこと、動きながら新たな発

見があること、一人ひとりの貢献が全体の達成感につながること、人と一緒に考えることの大切さが改めて認識されました。これらのコメントからは、実際の体験を通じて得られる学びの深さと、教育の価値についての貴重な洞察が得られました。今後の授業設計において、こうした体験を生かしながら、より深い学びを提供する方法を模索していくことが重要です。

第6章　グローバル教育の最先端

第1節 ｜ 国際バカロレア（IB）

　日本における英語教育は、グローバル化の進展に伴い変革を迎えており、その一環として注目されているのが国際バカロレア（International Baccalaureate, IB）プログラムの導入です。IBは、スイスに本部を置く国際的な教育プログラムで、1968年に設立されました。現在では世界中で採用されており、批判的思考、探究心、コミュニケーション能力の向上を目指した教育を行っています。特に英語力の向上に大きな貢献が期待されているプログラムです。

　日本では、従来の英語教育が第1部第1章で述べたように、文法訳読や受験英語に偏っており、実践的な英語力を養うのには不十分であると指摘されてきました。これを改善するために、文部科学省はグローバル人材の育成を目指して教育改革を進めており、IBの導入もその一環として2014年に発表されました。IBの教育は、生徒が自ら課題を発見し、その解決策を考えるという「探究ベースの学び」が中心であり、英語もコミュニケーションやプレゼンテーションの道具として用いられるため、実践的な言語運用能力を高めることができます。

IBプログラムの中では、母語レベルの言語能力を育てるための科目や、英語を第二言語として学ぶための科目が用意されており、生徒たちはそれらを通じてグローバルな視点を身につけ、課題解決力を養うことが期待されています。

しかし、日本におけるIBの導入にはいくつかの課題もあります。世界標準のカリキュラムに基づいているため、日本の従来の教育システムとは大きく異なり、カリキュラムの調整や教員の研修が必要です。また、授業が英語で行われることも多いため、教員や生徒の英語力向上が求められます。

日本政府は、国際社会で通用する人材を育成するため、今後もIBの導入を積極的に進める方針です。IBプログラムを通じて、日本の英語教育が知識重視から実践重視へと移行し、より多くの生徒が国際社会で活躍できる力を身につけることが期待されています。

第2節 | グローバル・コンピテンス・プログラム (GCP)

日本の英語教育において、21世紀のグローバルな社会に対応できる人材を育成するために「Global Competence Program（グローバル・コンピテンス・プログラム）」が注目されています。このプログラムは、生徒に英語の実践的なスキルを習得させるだけでなく、異文化理解や国際的

な課題に対する思考力、問題解決能力を高めることを目的としています。特に、グローバルな視点を持ち、多様な価値観を尊重しながら他者と協働できる力が求められる現代において、英語を通じた教育がより重要視されています。

Global Competence Program（GCP）は、文部科学省が提唱するグローバル教育推進の一環として導入され、多くの学校で実施されつつあります。このプログラムでは、生徒たちは英語を使って異文化や国際社会に関連するテーマについて学び、ディスカッションやプレゼンテーションを通じて自らの意見を発信する力を養います。さらに、実際の国際問題や社会的課題を題材にしたPBL型学習が取り入れられ、理論と実践を結びつけた学びを展開します。

このGCPは、特に「国際的な英語力」と「異文化理解」を重視しています。従来の英語教育では、文法や訳読、受験のための知識が中心でしたが、このプログラムではコミュニケーションを軸に、英語を道具として使いこなす力を育てます。生徒たちは、英語で情報を収集・分析し、自らの考えを効果的に伝えるスキルを身につけることで、将来的に国際的な舞台で活躍できる基盤を築きます。

一方で、GCPの実施にはいくつかの課題も存在します。プログラムを効果的に運用するためには、教員の国際的な視野や英語力の向上が求められます。また、生徒の多様なレベルに対応するための柔軟なカリキュラム設計が必要です。さらに、異文化理解や多様性への意識を深めるには、

教室外での体験学習や国際交流の機会を増やすことも重要です。

　今後、日本における英語教育は、GCPを通じて生徒たちに英語力を超えたスキルや視野を広げる機会を提供し、彼らが国際社会で自信を持って活躍できるようなグローバル人材の育成にますます力を入れていくことが期待されています。

第7章 一斉授業の終焉
—— 高校・大学の個別最適化型授業——

　一斉授業の終焉は、教育現場における大きな変革を示しています。この変化は、特に21世紀に入ってからの技術の進歩や社会のニーズの多様化によって加速しています。従来の一斉授業は、教師がクラス全体に対して一方的に知識を伝える形式であり、多くの学習者にとって画一的であり、個々の学習スタイルやペースに応じた指導が行き届かないという課題がありました。そのため、生徒の理解度や興味の差に対応できず、結果として学びの質が低下することが懸念されていました。

　このような背景の中で、個別最適化型学習が注目されています。この学習形態は、学習者一人ひとりのニーズや能力、興味に応じた教育を提供することを目的としており、デジタル化やICTの進展により実現が可能となっています。オンライン教材や教育アプリ、学習管理システムなどの利用は、学習者が自分のペースで学ぶ環境を整え、より主体的に学ぶことを促進します。これにより、学習者は自分に適した教材を選び、自分のスタイルで学習を進めることができるようになります。

　また、個別最適化型学習の導入に伴い、教師の役割も大きく変化しています。従来の「知識の伝達者」から「学習

者の学びを支援するファシリテーター」としての役割が求められています。教師は学習者が主体的に学ぶための環境を整え、効果的な教材や指導方法を選択し、学習者が自分のペースで進められるようにサポートします。これにより、教師と学習者の関係もより協働的なものとなり、学びの過程がより豊かなものになるでしょう。

　個別最適化型学習は、学習者が多様な選択肢から自分に合った学びを選べるようにすることで、教育の質を向上させることが期待されています。英語教育においても、このアプローチが広がることで、学習者一人ひとりの特性に応じた指導が可能となり、より効果的な英語力の向上が見込まれます。また、AIを活用した個別学習支援やデータ分析による進捗管理などの新しい技術も、学習者の自立的な学びを促進する要素となります。

　今後の教育においては、個別最適化型の学びがますます重要になるでしょう。これにより、学習者は自己調整能力を養い、主体的に学ぶ姿勢を身につけることができるため、学びの質が向上すると期待されます。教育現場の一斉授業の終焉は、単なるスタイルの変更にとどまらず、教育の本質に迫る変革であり、個別最適化型学習がどのように進化していくのかを見守ることが、今後の教育改革の鍵となります。

個別最適化型授業実践例 ①

「ぐるぐる方式」での論理表現の英語授業（高校）

「ぐるぐる方式」とは、靜哲人氏が提唱し、学習者が円の状態となり、教師に向けて順番にどんどんアウトプット練習を行いながら、英語の運用力を高めることを目指す学習形態です。この方式の良い点は、学んだ内容を何度も繰り返し使うことで知識を定着させ、実際の会話や表現で活用できることです。生徒が単語や文法、フレーズをインプットした後、すぐにアウトプットとして実践することが重視されており、インプットとアウトプットのバランスが大切にされています。

　授業では、ロールプレイやディスカッションなど、実際のコミュニケーションを模倣した場面設定が行われ、学んだ内容をその場で使うことで、実用的なスキルを磨いていきます。さらに、教師が指示を一方的に出すのではなく、生徒自身が学習の進め方を考え、主体的に取り組むことが促されます。このような自主的な学びが生徒の意欲を高め、学習効果を向上させると考えられています。

　また、「ぐるぐる方式」では、小さな成功体験を積み重ねることで生徒が自信を持てるようになり、英語を使うことへの抵抗感を減らす効果もあります。最初は簡単なフレーズや短い会話から始め、徐々に難しい内容に取り組んでいくことで、無理なく段階的にスキルアップができるように設計されています。このように、「ぐるぐる方式」は、

反復的な実践を通じて自然に英語力を高め、生徒が楽しみながら学べることを目指しています。

　個別最適化型授業を取り入れた授業では、この「ぐるぐる方式」を活用し、生徒一人ひとりの進度や理解度に応じた学習体験を提供することが可能です。高等学校論理表現Ⅰの『FactbookⅠ』（桐原書店）の教材「Speak ①」を基にした授業では、特にスピーキングスキルの向上を目指し、個別最適化を活用した方法が有効です。

　最終的なゴールは、教員と生徒が対話を通じて言語スキルを実際に活用できるようになることであり、生徒が自分の考えを英語で伝え、教員とのやり取りを通じてさらに深い理解を得たりすることを目指します。例えば、ロールプレイの具体例として、生徒は従来の書店が好きであるという設定で、友人を説得して一緒に行くよう誘う場面を設定します。一方、友人はオンラインで本を購入する立場で、従来の書店には興味がないという立場を取ります。この対話の中で、生徒は従来の書店に相手を誘い出すために、説得力のある論理や表現を用いてやり取りを成立させることが求められます。次の例は、実際に生徒と教員である私が対話をしたときに出た英語の発話を分かりやすく日本語にしたものです。

　生徒は、「実店舗の書店には、オンラインでは得られない独特の雰囲気や、本のディスプレイを見ながら新しいジャンルを発見する楽しさがある」といった理由で、書店

の魅力を伝えます。「本の表紙や紙質を実際に手に取って感じることができるのは書店ならではだし、リラックスできるカフェスペースもあるんだ」など、視覚や触覚に訴えるアピールをします。

　一方、友人役である私は「私は普段、オンラインで簡単に本を買っているし、時間も節約できるから便利だと思うよ」と反論しました。ここで生徒は、従来の書店ならではの魅力をさらに強調し、友人の立場を変えるための説得を続けます。「時間があるときに、本の世界にどっぷりと浸る楽しさは、書店でしか味わえないよ」といった表現を使うことで、相手の意識を変えようと試みるのです。

　このようなロールプレイを通して、生徒は自分の意見を論理的に組み立て、説得力を持って相手を引き込むスキルを学びます。従来の一斉授業とは異なり、生徒自身が自分に最も合った学習方法を見つけ、自ら考えて取り組むことが強調されます。例えば、生徒は書店に関する語彙を徹底的に復習したり、実際の会話で使えるフレーズを練習したり、自信を持って発言できるように準備することができます。

　教員は、個別にアドバイスやフィードバックを与え、各生徒が自分のペースに応じて学べる環境を整える役割を果たします。生徒が主体的に学び、最終的に教員とのやり取りを通じてスムーズにコミュニケーションができるようになることが、個別最適化型授業の理想的な成果です。

第7章　一斉授業の終焉 ── 高校・大学の個別最適化型授業 ──　117

個別最適化型授業実践例 ②

「ぐるぐる方式」で瞬間英作文（大学）

　瞬間英作文とは、簡単な日本語の文章を素早く英語に訳すことで、英語の文法力とスピーキングの基礎を強化する方法です。授業の流れとして、まず学生は指定された動画を視聴し、その中で使用されているターゲット英文をワークシートに書き出します。この段階では、動画を通じて英文の使われ方を理解し、フレーズや表現を覚えることに重点が置かれています。動画で学んだ表現は実際の会話シチュエーションに関連しているため、学生はすぐに実践で使える知識を得ることができます。

　次に、学生はワークシートに書きとめた英文の日本語訳を見て、それを瞬時に英語に言い換える練習を個別に行います。このプロセスでは、英語の文法や語彙をただ覚えるのではなく、実際の会話の流れで自然に反応できるように、繰り返し練習を行います。特に、日常的な会話の中で瞬時に適切な英文を作ることができるようになることを目指しています。

　準備が整ったら、学生は教師の前に進み、実際に瞬間英作文のテストを行います。教師は日本語のフレーズを提示し、学生はそれをすぐに英語に変換して話します。教師の前で行うことで、適度な緊張感が生まれ、学生はより集中してスピーキングに取り組むことができ、プレッシャーの

中でも即座に英語を使える力が鍛えられます。これは実際のコミュニケーション場面においても役立つスキルであり、学生はこの環境で反応のスピードと正確さを高めていきます。

　さらに、この授業形式の大きな特徴は、教師が学生一人ひとりに対して個別のフィードバックや発音指導を行う点です。各学生の発音や文法の間違いをその場で修正し、具体的なアドバイスを与えることで、より効果的な学習が可能となります。発音の癖や文法上の誤りは学生ごとに異なるため、個別対応によって、各学生に合わせた指導が行われます。このようにして、瞬間英作文の授業では、学生一人ひとりに最適化された形で学習が進められ、個々の英語力が確実に向上していくのです。

　この緊張感のある対面形式での瞬間英作文の練習は、学生が英語を使う際の心理的な抵抗を減らし、実際に言葉が出てこないという不安を克服する効果もあります。このようなリアルタイムの英語表現の練習を通して、学生は自信を持って英語を話せるようになり、実践的なコミュニケーションスキルを向上させていきます。

第8章 エンゲージメント理論に基づく 中・高の授業

　近年、教育におけるエンゲージメントが注目を集めています。エンゲージメントとは、生徒が学習活動に積極的に関与し、興味や関心を持って取り組むことを指します。エンゲージメントを促す授業は、生徒の学習意欲を高め、深い理解と持続的な学びを促進します。エンゲージメントはしばしばモチベーションと混同されがちですが、両者は異なる概念です。モチベーションは生徒が学ぶ意欲や動機を指し、内発的または外発的な要因によって影響されます。一方、エンゲージメントはその動機を実際の行動に結びつけるプロセスであり、学習活動への参加や関与の深さを示します。この章では、エンゲージメントを促進する具体的な方法、効果、そして実践上の課題と解決策について詳しく述べます。エンゲージメントは、行動的エンゲージメント、認知的エンゲージメント、感情的エンゲージメント、社会的エンゲージメントの4つに分類されます。

　行動的エンゲージメントは、生徒が学習活動に能動的に参加することを重視します。例えば、英語の授業では、ディスカッションやグループワーク、プレゼンテーション、プロジェクトベースの学習を取り入れることで、生徒が主体的に活動する機会を増やします。

認知的エンゲージメントは、生徒が学びに対する深い理解を得ることを目指します。学習内容を実社会の問題に関連付けることで、生徒の興味を引き出し、学びの意義を感じさせることが重要です。例えば、環境問題に関する英語のテキストを用い、実際のデータやケーススタディを分析することで、生徒は問題解決に向けた深い考察を行うことができます。目標設定と自己評価を通じて生徒が進捗を把握し、自ら考え問題を解決する力を養うことも重要です。これにより、批判的思考力や自己効力感が向上し、学習が深まります。

　感情的エンゲージメントは、生徒の感情や動機を高めることに焦点を当てます。例えば、映画の予告編を流して生徒の感情を揺さぶった後、その内容に関する英文を読むと、学習意欲が高まります。

　社会的エンゲージメントは、他者との交流を通じて学ぶことの重要性を強調します。異文化理解を促進するために、英語の授業で他国の生徒とのオンライン交流を行い、異なる視点に触れることで学習意欲を高めます。

　廣森友人氏は、エンゲージメント理論の研究者として広く認知されており、特に英語教育の分野での彼の研究と実践は、多くの教師に影響を与えています。彼は、アクティブラーニングを通じて生徒のエンゲージメントを高める方法を提唱し、さまざまな授業実践を展開しています。特に、彼のワークショップや教材は、教師が生徒の興味を引きつ

け、学習活動に積極的に参加させるための具体的な手法を提供しています。廣森氏のアプローチは、生徒中心の教育を促進し、教師が生徒との対話を通じて学びを深めるための新たな視点を提供しています。

エンゲージメントを促す授業にはいくつかの課題もあります。教師には多様なスキルが求められ、アクティブラーニングには時間とリソースが必要です。また、生徒が主体的に学ぶための環境整備も重要です。これらの課題に対して、教師の研修や支援を強化し、デジタルツールの活用方法を学ぶ機会を提供することが求められます。学校全体での協力体制を整え、リソースの共有や共同プロジェクトを進めることで、効率的な授業運営を図ることも大切です。教室のレイアウトを柔軟に変更し、協働学習がしやすい空間を提供することも、エンゲージメントを高めるための重要な要素です。

第9章 英語教育と生徒のウェルビーイング

　グローバル化が進み、相互依存の世界、多文化共生の世界、そして相互支援の世界が必要とされるようになる中で、OECD（経済協力開発機構）は「Learning Compass（学びの羅針盤）」を提案しています。Learning Compassでは、生徒一人ひとりが心身共に健康で、学習に対する意欲や自己肯定感を持ち、社会的、経済的、環境的に良好な状態で生活できることを目指す「ウェルビーイング（well-being）」の概念を重視しています。ウェルビーイングの実現には、学力向上だけでなく、生徒の心身の健康や社会的・情緒的発達を教育の中心に据える必要があると指摘しています。

　同機構の報告書では、生徒のウェルビーイングが学業成績と密接に関連しており、心理的な充足感が高い生徒ほど学習に対してポジティブな姿勢を持ちやすく、結果として学習成果が向上することが示されています。

　これまでの英語教育では主に学力向上や英語力の習得が重視されてきましたが、近年ではウェルビーイングを意識した学習環境を作ることの重要性が再認識されつつあります。特に、新型コロナウイルス感染症の流行を経て、多くの生徒が孤立感や不安を抱えたことで、心のケアや心理的安全性を確保した教育のあり方が一層求められるようにな

りました。

　コロナ禍の影響で、多くの学校がオンライン授業を導入せざるを得なかった際、従来の教室での対面授業と比べ、生徒と教師、生徒同士の双方向のコミュニケーションが不足しがちになる状況が見られました。その結果、生徒が「授業に参加している」という感覚を持てず、学習へのモチベーションが低下し、心理的な距離が生まれたことが報告されています。このような背景から、教育者たちはオンライン上でも生徒一人ひとりに「声かけ」を行い、グループワークやペアワークを取り入れるなど、他者とつながる機会を意図的に増やす試みを進めてきました。こうした取り組みは結果として、生徒の孤立感を和らげ、英語教育におけるウェルビーイングを支える重要な役割を果たしたといえるでしょう。

　ウェルビーイングを意識した英語教育では、生徒が自分の力を信じ、学習に対してポジティブな姿勢を持てることが大切です。そのためには、学習活動を生徒のレベルや興味に応じた形でデザインし、達成感を得られるような指導を心がけることが求められます。例えば、教師は生徒の発言や表現を尊重し、発音や文法に多少の誤りがあっても「伝えようとする姿勢」を評価し、失敗を学びの一環として捉える文化を育てていくことが重要です。また、生徒同士が共に学び、成長を感じられる経験を提供するためには、協働学習（Collaborative Learning）を積極的に取り入れる

ことも効果的です。こうした活動を通じて、生徒は自分の意見を表現し、他者の意見を受け入れる力を養い、クラス全体で「学び合い、支え合う」環境を築くことができるようになります。

　さらに、授業の最後にリフレクション（振り返り）を行い、生徒自身が「今日の学びで感じたこと」や「次に挑戦したいこと」を内省する機会を設けることも、ウェルビーイングを高める一助となります。こうした振り返り活動を通じて、生徒は自分自身の成長を実感し、学習に対して前向きな感情を持つことができるようになるのです。これらの取り組みは、英語力を育むだけでなく、生徒の心理的な充実感を支える要素としても機能します。

　ウェルビーイングを高める学習環境は、最終的に生徒の英語力向上にも好影響を与えることが研究によって明らかにされています。生徒が安心感を持ち、自己効力感を高めることで、授業への積極的な参加や自主的な学びの姿勢が強まる一方で、過度なストレスや不安を感じている場合には、学びが表面的なものとなり、深い理解やスキルの定着が困難になる可能性があります。つまり、英語教育におけるウェルビーイングは、生徒の学習成果を左右する重要な要素なのです。

　例えば、筆者の勤務していた高等学校でのディベートの授業では、初めは「英語を話すことへの不安」が大きかった生徒たちが、ポジティブなフィードバックとチームワー

第9章　英語教育と生徒のウェルビーイング　　125

クを通じて徐々に自信をつけていく過程を経験しました。授業の後半には、当初は考えられなかったほど活発な意見交換が行われ、クラス全体の英語力が向上したという効果が見られたのです。このように、ウェルビーイングが高まることで、生徒たちが「できる」という感覚を持ち、学びに対して積極的になることが分かります。

　これからの英語教育は、単なる言語能力の習得にとどまらず、生徒一人ひとりの全人的な成長を支援する場としての役割を強める必要があります。ウェルビーイングを意識した授業は、生徒が学びに向かう「主体性」や「意欲」を引き出し、自己実現につながる重要な教育的アプローチです。教師は生徒の「心の声」に耳を傾け、彼らが学びの中で自分の可能性を見つけられるような環境を提供し続けることが求められます。

　これからの英語教育においては、ウェルビーイングを重視した豊かな学びのデザインが求められています。生徒たちが安心して学び、達成感を感じられる環境を整えることは、単に学力向上を目指すのではなく、生徒が心身共に健やかに成長できる学びの場を提供することに他なりません。ウェルビーイングを意識した教育こそが、日本の英語教育の未来において重要な指針となるでしょう。学力向上だけではなく、ウェルビーイングを支える教育こそが、これからの英語教育における新たな価値基準となると思います。

効果的な英語学習Ⅳ

　現代の英語教育において、さまざまな指導法が新たに取り入れられ、教育現場は大きく変化しています。これらの指導法は、コロナショックを契機としたオンライン授業の普及から始まり、学習者の主体性や多様なニーズに応じた柔軟な学びを提供するために進化してきました。オンライン学習、CLIL（内容言語統合型学習）、教科横断型授業、探究型・PBL型学習、そして個別最適化型学習という5つのアプローチは、それぞれが独自の強みを持ち、現代の教育において有益であることは明らかです。

　まず、オンライン授業の確立は、時間や場所にとらわれない学習環境を提供し、学習者のアクセス可能性を劇的に向上させました。リモートでの授業参加やビデオ教材の活用により、学習者は自分のペースで英語を学び、国際的な交流の機会も増えました。この柔軟性は、忙しい生活を送る学生や社会人にとって特に有益であり、これからも英語教育における重要な手法となるでしょう。

　次に、CLIL型授業は、内容を通じて英語を学ぶことで、言語と内容を同時に学ぶアプローチです。この方法は、単なる英語力向上にとどまらず、他の学問分野における理解を深める点でも優れています。例えば、科学や歴史を英語で学ぶことで、学習者は実際の場面で英語を使用する力を育み、批判的思考や問題解決能力を強化します。

第9章　英語教育と生徒のウェルビーイング　　127

これに関連して、教科横断型授業は、異なる教科を統合し、学習者に多角的な視点から学びを提供するアプローチです。英語と他の教科を組み合わせることで、学習者は異なる分野間のつながりを理解し、より深い学問的洞察を得ることができます。このような学習法は、複雑な問題に対して幅広い知識と柔軟な考え方を持つことが求められる現代社会において、重要なスキルを育てるのに役立ちます。

　さらに、探究型・PBL型学習は、学習者が自発的に問いを立て、実際の課題に取り組むことを重視した学習法です。このPBL型学習は、グループでの協働作業を通じて、実践的な英語力とともに、クリエイティブな思考やリーダーシップ、問題解決能力を育てます。英語を実際に使用しながら、社会問題を調査し解決策を考えるプロセスは、学習者に実践的で応用力のあるスキルを提供します。

　最後に、個別最適化型授業は、テクノロジーの進化によって可能になった、学習者一人ひとりのニーズに応じた教育アプローチです。AIを活用した学習管理システムやオンラインリソースの活用により、各学習者が自分のペースで学び、特定の弱点を克服することができる環境が整備されています。このアプローチは、従来の一斉授業が抱えていた問題点を解決し、よりパーソナライズされた学びを提供します。

　これらの学習法は、単なる言語習得にとどまらず、学習者の思考力、問題解決能力、そしてグローバルな視点を育てることに大きく貢献しています。現代の教育においては、学習

者の個別ニーズに応じた柔軟な学びが求められており、これらの手法はその要請に応えるものです。英語教育は、今や英語「を」学ぶだけでなく、英語「で」学ぶことが重視される時代へと変わりつつあります。これらのアプローチは、未来の教育を形作り、学習者がグローバル社会で成功するための強力な基盤を築くことに寄与していくでしょう。

COLUMN

Grit を伝え続けた先に
～ Y 君からのメッセージ～

「お久しぶりです。土屋先生、長い間本当にありがとうございました。」この言葉から始まる生徒からのメールは、私にとって何よりも嬉しいものでした。Y君は2年間の浪人生活を経て、H大学の社会学部への入学を決めました。当初の目標はK大学でしたが、彼がその経験を通じて学び、成長したことは何にも代えがたい財産です。

浪人生活中、彼が大切にしてきた言葉が「Grit」でした。私が授業や面談で伝えてきた、目標に向かって粘り強く努力する力のことです。K大学への進学は叶わなかったものの、彼はその2年間を振り返り、「目標のために走り続けることができた」と自信を持って語ってくれました。結果だけが全てではなく、その過程にこそ大切な意味があるということを、彼は深く理解してくれたのです。

彼がH大学を選んだ理由には、非常に現実的かつ前向きな視点がありました。K大学に合格していたら、学歴におごってしまうかもしれないという自己認識。そして、H大学のキャンパスは郊外にあり、移動中に寄り道をすることが少なく、勉強に集中できる環境だと感じたという点です。さらに、自分の趣味や興味を生かし、勉強以外の面でも充実した大学生活を送ることができると確信しています。

　Y君が述べていたことの中で特に印象的だったのは、合格できなかった悔しさを抱えながらも、それをただの失敗とせず、次なる目標へとつなげる姿勢です。受験での敗北をバネにして、「就職でK生に勝つ」という、新たな挑戦へと心を向けている姿は、以前のY君とは違った大人の考え方です。浪人生活は彼にとって無駄ではなく、これからの人生において大きな教訓となったのです。

　このような成長を見届けることができるのは、教師として本当に嬉しい瞬間です。教え子たちが、受験や人生の試練を乗り越え、よりたくましく、成長していく姿は、教師冥利に尽きるものです。Y君が大学生活でも「Grit」の精神を持ち続け、自分の可能性を追求し続ける姿を、これからも見守りたいと思います。

第3部

英語教育の
ゆくえ

第1章 グローバル英語を学ぶ

　本章では、グローバル化が進む現代における英語の役割について探ります。英語はもはや単なる外国語ではなく、国際的なコミュニケーションの主要手段として機能しています。特に、ノンネイティブスピーカー同士の交流では、正確な文法や発音よりも「伝わる」ことが重視されるようになりました。このような背景を受けて、英語教育の未来には従来の枠を超えた国際的視点からのアプローチが求められ、グローバル英語の概念がますます重要視されています。この章では、グローバル英語の重要性、具体的な学習方法、そして今後の展望について詳しく述べていきます。

　例えば、シンガポールで見られるシングリッシュのように、非標準的な文法が使われることがあります。「He have three banana.」という表現（正しくは、He has three bananas.）は、文法的には誤りですが、話し手の意図はしっかりと伝わります。このように、正確さよりもコミュニケーションの効率が重視される場面が多くなってきました。

　また、thの発音が特徴的な例として挙げられます。例えば、three（数字の3）がtree（木）のように発音されるケースは、多くのノンネイティブスピーカーの間で一般化され

132　第3部　英語教育のゆくえ

ています。こうした発音の変化は、コミュニケーションの円滑さを重視した結果として自然に生じたものです。

とはいえ、この「伝わる」英語が重要であるということは、正確さを軽視しているという意味ではありません。文法や語彙、発音の正確さも依然として重要であり、効果的なコミュニケーションのためにはバランスが必要です。グローバル英語の学びにおいては、相手に意図を伝える力を養いつつ、基本的な文法や語彙の知識と発音の正確さを保持することが求められます。これにより、さまざまな文化的背景を持つ人々とのコミュニケーションが円滑に進むことが期待されます。

今後、グローバル英語の教育は、伝わる力を強化する一方で、言語の正確性を重視したアプローチを両立させることが求められます。この新しい英語の学び方によって、国際的な視野を広げ、異文化理解を深めることができるでしょう。

第2章 二極化の行く末
── 選択制英語教育──

　日本の英語教育は、時代と共にそのアプローチや指導法が着実に改善されてきました。特に2000年代以降、英語4技能5領域（読む、書く、聞く、話す〈やり取り・発表〉）を統合的に育成する試みが進み、多様な学習者のニーズに応えるべく、指導法の工夫が行われてきました。しかし、その一方で、学習者間の格差が広がるという新たな問題も浮上しています。意欲のある生徒はどんどん上達していく一方で、英語が苦手な生徒はさらに取り残されることが多くなり、その結果、英語教育における「二極化」が顕著になっているのです。

　こうした状況を踏まえ、今後の英語教育では、より細分化された選択肢が必要であると考えます。具体的には、①インバウンドの外国人を想定した日常会話の「サバイバル英語」、②世界で通用する「グローバル英語」、③大学や研究機関で必要とされる「アカデミック英語」といった異なるレベルや目的に応じたカリキュラムを提供し、生徒一人ひとりが自分に合った道を選べるような体制が求められます。これにより、全ての生徒が無理なく、自分のペースで成長できる環境を作ることができます。

　さらに、こうしたカリキュラムの柔軟性を生かすために

は、学年を超えたレベル別指導の導入も重要です。生徒が学年に縛られることなく、自分の実力や目標に応じたクラスを選択できるシステムがあれば、成績やモチベーションに関係なく、適切な指導を受けることが可能になります。これにより、得意な生徒はさらなる挑戦ができ、苦手な生徒も自分に合ったペースで基礎を固めることができます。また、このような選択制の教育には、教師側のサポート体制も不可欠です。異なるレベルや目的に応じた指導を行うためには、教師が柔軟に対応できるスキルとリソースが必要です。生徒の多様なニーズに応えるために、教師同士の協力やティームティーチングの導入が進められる一方、デジタル教材やオンライン学習ツールの活用も検討される必要があるでしょう。

第3章 生成AIと人間の共存

　現代の英語教育において、生成AIと人間が共存する新たな学習環境が急速に発展しています。AIは、言語学習をサポートするツールとして、学習者にリアルタイムでのフィードバックを提供したり、個別にカスタマイズされた学習プランを作成したりするなど、多くの可能性を持っています。下の図は、ChatGPT 4o（無料版）で、「今から15年後の2040年、学校で生徒たちはChatGPTをどのように活用しているかを予想しその画像を生成してください」とプロンプトに打ち込んだ結果、生成された画像です。

この画像は、2040年の未来の教室における教育環境を描写しています。教室の中央には、大型のインタラクティブ・ディスプレイがあり、AIアシスタントであるChatGPTのインターフェースが表示されています。このディスプレイは、生徒たちの学習をサポートするために使用されており、リアルタイムで質問への回答やディスカッションの進行が行われています。生徒たちは個々にタブレットやスマートフォンを持ち、それぞれのデバイスにChatGPTが搭載されています。これらのデバイスを通じて、生徒たちはさまざまな質問を投げかけたり、課題に対するアドバイスを受けたりしています。画面には、生徒の質問やコメント、リアルタイムのフィードバックが表示されており、AIとのインタラクションが活発に行われている様子がうかがえます。

　教室の設計は、従来の教室とは大きく異なり、未来的なデザインが施されています。座席や机は自由に配置できるように設計されており、生徒たちがグループでの作業や個別学習に応じて座席の配置を変更することができます。また、ホログラムや仮想現実のツールも使われており、学習内容が視覚的に表示されることで、より深い理解が促進されています。

　教師もAIアシスタントと連携して授業を進行しており、ディスプレイには生徒たちの理解度や参加状況がリアルタイムで表示されています。教師はこれに基づいて授業の進

行を調整し、生徒たち一人ひとりに対して個別の支援を行っています。

　全体として、AI技術が教育の中心に据えられ、生徒たちが積極的に学び、問題解決に取り組む姿が描かれています。教室は高度にインタラクティブで、技術が教育プロセスを豊かにし、個別のニーズに応じた学習体験を提供しています。

　しかし、AIを効果的に活用するためには、学習者自身がAIの出力を適切に判断できる英語力の育成が不可欠です。まず、AIが生成するコンテンツやアドバイスは、必ずしも完璧ではなく、学習者がその正確さや適切さを判断できる能力が求められます。例えば、文章のニュアンスや文脈に応じた適切な表現を見極める力がなければ、AIの提案を無批判に受け入れてしまう危険性があります。このため、学習者には、自らの英語力を基に、AIが提供する情報の質を評価し、活用する能力を養うことが重要です。

　さらに、AIを活用する際には、学習者がプロンプトを入力する際のより高度な見極めが必要です。生成AIのパフォーマンスは、入力されるプロンプトの質に大きく依存します。プロンプトが具体的で適切であれば、AIは精度の高い出力を生成しますが、曖昧なプロンプトでは的外れな回答しか得られない可能性があります。そのため、学習者がAIに対して何を求め、どのような情報が必要かを正確に表現するスキルが求められます。これは英語の応用力

を高めると同時に、クリティカルシンキングや問題解決能力の向上にもつながります。

　一方で、生成AIが進化する中でも、生身の人間である英語教師の役割は依然として重要です。AIが自動化されたフィードバックやコンテンツ生成を行える一方で、教師は感情的なサポートや学習者一人ひとりの状況に応じた柔軟な指導を提供することができます。AIが提供するフィードバックに対する学習者の理解を深めたり、モチベーションを維持したりする役割は、人間である教師にしか担えない部分です。また、学習者がAIをうまく使いこなすためには、教師がそのガイド役となり、学習者がAIを適切に活用できるよう導くことが求められます。

　これに加え、生成AIを用いた授業づくりの研修の必要性も高まっています。教師自身がAIの特性を理解し、その機能を最大限に活用するためのスキルを習得することは、今後の教育において欠かせない要素となるでしょう。教師がAIの使い方を学び、AIを効果的に授業に組み込む方法を習得することで、よりインタラクティブで個別化された学習体験を提供することが可能になります。このため、教師向けの研修やワークショップが不可欠であり、AIと共に進化する教育環境に対応するための準備が必要です。

　結論として、生成AIと英語教育の共存は、英語学習の未来に大きな可能性をもたらしますが、それにはAIの出力を正しく判断できる英語力の育成、プロンプト入力スキ

ルの向上、教師の役割の再定義、そしてAIを効果的に活用するための研修が重要です。AIと人間の教師が共存し、補完し合うことで、英語教育はさらなる発展を遂げ、学習者にとってより豊かで効果的な学習体験を提供することができるでしょう。

生成AIを活用した授業実践例

ChatGPTを取り入れた英語授業

　近年のAI（人工知能）の進化は目覚ましく、特にChatGPTは先進的な言語モデルとして広く注目されています。ChatGPTはOpenAIが開発した自然言語処理のための大規模な学習モデルであり、人間のような対話を通じて学習をサポートすることができます。本実践例では、ChatGPTが英語教育にもたらす効果と学びの変革に焦点を当て、AIがもたらす新たな可能性について考察します。

　ChatGPTはインターネット上の大量のテキストデータを処理し、学習者のレベルに応じた文章を瞬時に生成できます。これにより、生徒は自分の興味や関心に沿ったリーディング素材を使用し、文法や語彙を実践的に学ぶことができます。例えば、同じ内容を異なるレベルで生成することが可能です。「Shohei Ohtani is a famous baseball player from Japan.」という簡単な文と、「Shohei Ohtani is a professional baseball player from Japan who has gained worldwide recognition for his extraordinary abilities as both a pitcher and a hitter.」のように、異なる複雑さの文を瞬時に生成できるのは、学習者と教師の両方にとって革命的なツールと言えるでしょう。

さらに、ChatGPTは学習者が作成した文章に対して即座にフィードバックを提供します。生徒は自分の文に誤りや改善点を指摘してもらうことで、自己学習の機会を得てライティング力を向上させることができます。例えば、生徒が「I go to school by bus every days.」と書いた場合、ChatGPTは「You should say 'every day' instead of 'every days'」といった具体的な修正案を提示します。これにより、教師が行ってきた膨大な時間と労力を大幅に削減でき、効率的な学びが実現します。

スピーキングのトレーニングにおいても、AIとの対話を通じて発音やフレーズの練習が可能になります。音声認識技術と組み合わせれば、間違いを指摘されることに対する抵抗感を軽減し、例えば「Can you help me with my homework?」のように、実際の会話を通じて積極的にスピーキングのトレーニングを行うことができます。

また、ChatGPTが自然な英語の音声を提供し、実際のネイティブスピーカーとの対話を再現することで、生徒のリスニングスキル向上に役立ちます。例えば、生徒が「What are your hobbies?」とAIに質問すると、AIは「I enjoy reading books and playing soccer. What about you?」といった返答を生成し、リスニング理解のテストや設問を

生成することもできるため、理解度を評価する新たな方法が生まれています。

　さらに、ChatGPTを活用することで、リーディング、ライティング、スピーキング、リスニングの統合的な学習が促進されます。生徒はAIに質問し、得られた回答を基にディスカッションを行うことで、例えば「What do you think is the most important skill to learn in school?」といった質問を通じて、さまざまなスキルを同時に磨くことができます。

　ChatGPTをはじめとするAI技術の導入は、英語教育に驚くべき効果と学びの変革をもたらしています。今後の教師には、AIを活用するスキルと、学習者との信頼関係を築く役割が求められます。教師は単なる知識の伝達者ではなく、批判的思考や創造的思考を育む重要な存在として、教育の質をさらに向上させることが期待されています。AIを効果的に活用しつつ、学習者が情熱を持って学ぶ環境を提供することが、これからの教育においてますます重要となるでしょう。

第4章 英語教育とエモーショナル・インテリジェンス（EQ）の育成

　英語教育とエモーショナル・インテリジェンス（EQ）の育成は、現代の学習環境においてますます重要なテーマとなっています。EQとは、自己の感情を認識し、理解し、管理する能力に加え、他者の感情を理解し、適切に対処する能力を指します。このような感情的知性は、特に異文化コミュニケーションにおいて不可欠であり、言語を学ぶ際の重要な要素となっています。

　日本の英語教育においてEQの育成に注目した研究者として、長年中学校で教鞭を執られ、その後大学で英語教師の育成にも携わった田尻悟郎氏と中嶋洋一氏の功績は特筆に値します。彼らは、学校教育現場と教員養成の双方において、学習者の感情的成長と英語教育を統合するアプローチを提唱し、日本の英語教育の発展に大きく貢献しました。

　田尻氏は、学習者中心の学習とPBL型学習を通じて、学習者が言語の運用力を身につけるだけでなく、自分の感情を表現し、他者の意見に共感するスキルを発達させることを目指しました。彼のアプローチでは、ディスカッションやロールプレイ、リフレクション活動を通じて学習者の自己認識や他者理解を深めることが重視されており、学習者が異なる視点や背景を持つ人々と対話することで、感情

調整の力と文化的感受性を養うことが強調されています。

　一方、中嶋洋一氏は、EQと英語教育の統合において、特に感情教育の重要性を説いており、教室での感情表現活動の導入や学習者の自己肯定感を高めるフィードバックの提供を通じて、英語学習の成果をより効果的にする手法を提示しました。彼の研究では、感情的知性が高い学習者は、学業成績が向上するだけでなく、学習意欲や自律的な学習態度も向上することが示されています。中嶋氏の主張する感情と学習の結びつきは、英語教育におけるEQの育成が学習者の全体的な成長にどのように寄与するかを考察する際の重要な指針となっています。

　このように、英語教育を通じてEQを育むことは、学習者が単に言語スキルを習得するだけでなく、他者との効果的なコミュニケーションを促進するための基盤を提供します。例えば、ディスカッションやグループ活動を通じて、学習者は自分の意見を表現するだけでなく、他者の意見に耳を傾け、共感を示す機会を得ます。これにより、自己認識や他者理解が深まり、感情的な反応を調整する力が養われます。

　また、英語の学習は文化の理解にもつながります。異なる背景を持つ人々との交流を通じて、学習者は文化的な感受性を高め、さまざまな価値観を尊重する重要性を学びます。これにより、彼らのコミュニケーション能力は一層豊かになり、グローバルな環境での相互作用においても適切

な行動を取ることができるようになります。教室内での EQの育成には、教師の役割が不可欠です。教師は、学習者の感情的なニーズに応じて柔軟に対応し、安全で支援し合う環境を提供することで、学習者が自由に自分を表現できるようにします。例えば、感情を表現する活動や、フィードバックを重視した授業デザインを取り入れることで、学習者の自己肯定感や感情管理能力を高めることができます。

　さらに、EQを意識した教育は、学習者の学業成績にも良い影響を与えることが多くの研究で示されています。感情的知性が高い学習者は、ストレスに対処する能力が高く、学習の動機付けや自律的な学習が促進されます。このように、英語教育におけるEQの育成は、言語スキルの向上のみならず、学習者の全体的な成長にも寄与するのです。

　今後の英語教育においては、EQの重要性がますます増していくでしょう。グローバルな社会で成功するためには、コミュニケーション能力に加え、感情的な知性が求められます。したがって、英語教育におけるEQの育成は、学習者にとっての必要不可欠な要素であり、未来の教育のあり方においても大きな影響を持つと考えられます。

第4章　英語教育とエモーショナル・インテリジェンス（EQ）の育成　145

第5章　未来の教室と学びのデザイン

　未来の教室と学びのデザインは、急速に進化するテクノロジーと教育理論の変化に対応するため、さらに重要なテーマとなっています。特に、情報通信技術の発展や学習者中心の教育アプローチの普及に加え、学習者や教師のウェルビーイング（心身の健康や幸福感）を考慮した学びが注目されています。これに伴い、教室のあり方は一方向的な授業スタイルから、双方向的かつ協働的で、学習者の幸福感を重視した学びへと変化しています。

　まず、未来の教室では、テクノロジーの導入が鍵となります。オンラインプラットフォームやデジタルツールを活用することで、教師と学習者の相互作用を深め、学びにおけるウェルビーイングを向上させることができます。例えば、学習管理システム（LMS）を通じて、学習者は自分のペースで学習を進めることでストレスを軽減し、教師は個々の学習者に合わせたフィードバックを提供することで、学習者の精神的健康をサポートできます。このような環境では、学習者は自己学習能力を高めると同時に、心の健康も守りながら学びに取り組むことができます。

　また、ハイブリッド型授業の普及により、対面学習とオンライン学習を組み合わせた柔軟な学びのスタイルが実現

します。学習者は自分に合ったペースや場所で学べるため、過度なプレッシャーを感じることなく、ウェルビーイングを維持しながら学びを進めることができます。さらに、こうしたアプローチは多様な背景を持つ学習者にも適応しやすく、それぞれのニーズに応じた学びを提供することが可能です。

PBL型学習やアクティブラーニングも、未来の教室では中心的な役割を果たします。これらの学びの方法は、学習者が実践的な課題に取り組むことで、問題解決能力やクリティカルシンキングを育むだけでなく、学習者のウェルビーイングにも寄与します。学習者がチームで協働し、コミュニケーションを通じて他者と共に学ぶ喜びを感じることで、心の健康や充実感が促進されます。こうした学びのデザインは、学習者が自己効力感を得るとともに、将来に必要なスキルを身につける助けとなります。

教師の役割も変わりつつあります。未来の教室において、教師は知識の伝達者から学びのファシリテーターへとシフトし、学習者が自らの学びを探索し成長する過程をサポートします。教師は、学習者一人ひとりのウェルビーイングを考慮しながら、必要なリソースやサポートを提供し、学習環境を整えます。また、教育者はテクノロジーやデータ分析を活用し、個々の学習者の進捗を観察し、適切な支援を行うことで、学習者の心身の健康を守りながら効果的な学びを提供することが求められます。

さらに、テクノロジーが進化する中でも、人間的な対面の重要性は変わりません。オンライン学習やデジタルツールは効率的な学びを提供しますが、対面でのコミュニケーションは、感情的なつながりや共感を育み、社会的ウェルビーイングを高める場となります。学習者は教師やクラスメートとの対話を通じて、より深い理解と心の安定感を得ることができ、これにより学びの意味がさらに深まります。

最後に、未来の教室ではグローバルな視点を取り入れた教育がますます重要になります。国際的な視野を持つことで、異文化理解やコミュニケーション能力が促進され、社会的および感情的なウェルビーイングも向上します。教育課程には異文化理解を尊重し、学習者がグローバルな社会での相互作用を学ぶ機会が増えていくべきです。

このように、未来の教室と学びのデザインは、単なる物理的な構成やテクノロジーの導入にとどまらず、学習者のウェルビーイングを中心に据えた教育の再定義を目指しています。多様な学習者のニーズを尊重し、学びを通じて心身共に健康であることが、より良い未来を切り開くための鍵となるでしょう。

今後の英語学習とは

現代において、英語はもはや単なる外国語ではなく、国際的なコミュニケーションの主要手段となっています。こ

のため、英語教育は従来の文法や発音に重点を置くだけで
なく、コミュニケーション能力を育成することが求められ
ています。特に、ノンネイティブスピーカー同士の交流で
は、正確さよりも「伝わる」ことが重要視されるようになっ
てきました。シンガポールのシングリッシュの例からも分
かるように、非標準的な文法や発音が用いられる場面が増
えており、それでも意図は十分に伝わります。

　今後の英語教育では、グローバル英語の概念を踏まえ、
基本的な文法や語彙の知識を維持しつつ、相手に意図を伝
える力を養う必要があります。このようなバランスの取れ
たアプローチによって、異文化間のコミュニケーションが
円滑に進むことが期待されます。さらに、選択制英語教育
の導入により、学習者が自分の学習目標や能力に応じてク
ラスを選べる環境を整えることも重要です。これにより、
意欲的な学習者はより高度な内容に挑戦できる一方、苦手
な学習者も自分のペースで基礎を固めることができるで
しょう。

　また、生成AIと人間の共存が今後の英語教育をさらに
豊かにする要素となります。AIは個別にカスタマイズさ
れた学習プランを提供し、学習者にリアルタイムでフィー
ドバックを与えることが可能です。しかし、AIを効果的
に活用するためには、学習者自身がAIの出力を正しく判
断できる英語力を身につける必要があります。学習者は
AIの生成するコンテンツを適切に評価し、必要な情報を

正確にプロンプトとして表現する能力を養うことが求められます。これは英語の応用力を高めるだけでなく、クリティカルシンキングや問題解決能力の向上にもつながります。

　最後に、生成AIの進化に伴い、生身の教師の役割も依然として重要です。AIが提供できない感情的なサポートや柔軟な指導は、学習者の理解を深め、モチベーションを維持する上で不可欠です。今後の英語教育は、こうした多様な要素を取り入れながら、学習者一人ひとりが自らのペースで成長できる環境を整えていくことが求められます。これにより、英語学習がより効果的で充実したものとなるでしょう。

　本書では、英語教育の過去30年にわたる変遷、現在の状況、そして未来の展望について詳しく考察してきました。英語教育の現場は、社会の変化に応じて絶えず進化し続けています。これまでの歩みを振り返りながら、教育の未来を見据え、私たち教師の役割を再認識することが、より良い教育環境を構築するための重要なステップであると考えます。

　英語教育の歴史を振り返ると、1990年代の文法訳読から始まり、2000年代には音読重視のアプローチ、そしてアウトプット活動重視へと移り変わり、2010年代には4技能5領域統合型やアクティブラーニングが導入されるなど、多くの変化がありました。それぞれの時代において、

教育の目標や方法論は社会のニーズや技術の進展に応じて変化し続けてきました。

2020年代以降の今日の英語教育は、教科横断型授業やPBL型学習、内容言語統合型学習（CLIL）など、より実践的で統合的なアプローチが採用されています。これにより、学習者は学習内容の関連性を実感し、実世界での問題解決能力を高めることができるようになっています。また、個別最適化型やエンゲージメントを促す授業が導入され、学習者一人ひとりのニーズに応じた学習が求められています。

さらに、生成AI技術の進歩により、生成AIと人間が協力しながら教育の質を向上させる時代が到来しています。生成AIの進化は、作業効率を高める一方で、人間が持つ専門的な知識や文化的な感受性が依然として重要であることを示しています。生成AIと人間の共存は、それぞれの能力を融合させ、より質の高い教育を実現するための鍵となるでしょう。

未来の英語教育には、さらに多くの挑戦と可能性が待っています。技術の進化や社会の変化に対応しながら、学習者の多様なニーズに応える教育のあり方を模索することが求められます。教師は、教育の変化と進化を受け入れつつ、創造的で効果的な教育方法を取り入れることで、学習者の学びを支援し続ける必要があります。

英語教育の未来においては、教育者、学習者、生成AI、

そして社会全体が協力し合い、より良い学習環境を築くことが重要です。今後の教育の発展に寄与するために、本書が少しでも役立つことを願っています。

COLUMN

変わらないもの
～K君からもらったメッセージ～

　これは、私が高等学校で勤務していたときのある一人の生徒K君とのエピソードです。彼は、大変優秀な生徒で性格も良く、非の打ち所のない素晴らしい生徒でした。そのK君が大学を卒業し、母校に数学の教員として戻ってきました。彼が着任してまもなく、私の授業見学を申し出たので、私は快く受け入れました。その頃、ちょうど私は、本格的に授業改革に取り組んでおり、ペアワークやグループワークを使った、いわゆるアクティブラーニング型の授業に衣替えをしているときでした。ですから、授業見学後のK君のコメントは、彼が受けていた頃の私の授業とは違ったものになるだろうと想像していました。ところが、K君のコメントは私の想像したものとは全く異なるものでした。彼は、次のように言ったのです。「土屋先生の授業は変わっていませんよ」「土屋先生は、土屋先生ですから……」私は、K君の意外なリアクションに驚きました。しかし、よく考えてみると、彼の言いたいことが、すぐに理解できました。つまり、K君は、私の授業のスタイルや手法がどんなに変わろうとも、生徒に対する情熱や英語教育

へのマインドは変わっていない、ということを伝えたかったのです。この時、彼が贈った言葉が、私に対する最高の賛辞であると気づいたのです。

あとがき

　これまでの英語教育の歩みを振り返る際、先人たちが残したさまざまな指導法に対してリスペクトしながら同時に真っ先に私の頭に浮かんだことは、実際に指導した生徒・学生と同僚の先生方・保護者の方々への感謝です。このような方々に対し、この場を借りて深く感謝申し上げたいと思います。

　そもそも教師というものは、生徒・学生から学び、同僚や保護者の方々からの叱咤激励により成長していく、いや、成長させていただいていると私は考えています。そうした意味で、教師になりたての頃の私に教わった生徒に対し、教師としての指導技術や人間性が十分でなかったことを今でも本当に申し訳ないと思うことがしばしばあります。ただ、若い教師が悪戦苦闘しながら、日々の授業を通して目の前の生徒と向き合うことは、後で振り返れば改善すべき点はあったとしても、指導していた当時は、常にベストな指導方法であると信じ、授業を行っていたのは確かです。

　生徒・学生からすれば、出会った教師との時間は人生のほんのわずかな通過点であり、教師からすれば、教師という時間軸の中で、出会った生徒・学生を、卒業年度などをきっかけに時系列で思い出すものです。生徒・学生から見れば、教師との思い出を良いものとして覚えている人もいれば、残念ながらそうでない人もいることでしょう。教師

は、数年後に教師として成長した姿を教え子に見せる機会はほとんどありません。しかし、この度、本書を出版したことで、時空を超えて、当時の生徒・学生と「再会」し、「対話」することで、これまであったかもしれない誤解やわだかまりをほんの少しでも修正し、埋めることができたなら嬉しく思います。それは、私が教師は自らが努力し、成長する姿を生徒・学生に見せることが、何よりも重要であると考えているからです。

　本書を手に取ってくださった全ての読者の皆様にとって、英語教育という一つのトピックをきっかけに、未来に向けた新たな一歩を踏み出すためのヒントとなれば私にとってこの上ない最高の幸せです。

著者しるす

謝辞

　本書の執筆にあたり、多くの方々から温かいご支援とご協力を賜りました。この場をお借りして、心より感謝申し上げます。

　特に、実名使用に快くご承諾いただき、また原稿の修正や内容に関する貴重なご意見をくださった以下の皆様には、深く御礼を申し上げます。

和泉伸一様　胡子美由紀様　大西泰斗様　金谷憲様　靜哲人様　瀧沢広人様　田尻悟郎様　豊嶋正貴様　中嶋洋一様　布村奈緒子様　廣森友人様　安木真一様　安河内哲也様　山本崇雄様（五十音順）

　また、本書の完成に向けて多大なご協力をいただいた以下の皆様にも、心より感謝申し上げます。

高知西高等学校（現 高知国際高等学校）、青森県立田名部高等学校、岐阜県立長良高等学校、山形県立新庄北高等学校、横浜市立南高等学校附属中学校、一般財団法人 英語教育協議会（ELEC）、株式会社アルク

　皆様のご協力と励ましがなければ、本書を完成させることはできませんでした。この恩に報いるためにも、本書が読者の皆様にとって少しでも役立つものとなることを願っております。改めて深く感謝申し上げますとともに、ここに記して謝辞とさせていただきます。

　2025年4月25日

土屋進一

参考・引用文献

Brumfit, C., & Johnson, K. (Eds.). (1983). *The Communicative Approach to Language Teaching*. Oxford: Oxford University Press.

Dörnyei, Z. (2001). *Motivational Strategies in the Language Classroom*. Cambridge, UK: Cambridge University Press.

Krashen, S. D., & Terrell, T. D. (1983). *The Natural Approach: Language Acquisition in the Classroom*. Alemany Press.

Robinson, P. (2001). *Cognition and second language instruction*, UK: Cambridge University Press.

和泉伸一（2016）．『フォーカス・オン・フォームと CLIL の英語授業』．アルク

和泉伸一（2024）．『実践例に学ぶ！ CLIL で広がる英語授業』大修館書店

今井むつみ（2020）．『英語独習法』．岩波新書

卯城祐司（2011）．『英語で英語を読む授業』．研究社

『英語教育』編集部（編）．（2006）．『英語教育別冊 SELHi はこんな授業をしている』．大修館書店

胡子美由紀（2011）．『生徒を動かすマネジメント満載！英語授業ルール＆活動アイデア 35』（目指せ！英語授業の達人 16）．明治図書出版

大西泰斗他（2011）．『一億人の英文法 ―― すべての日本人に贈る「話すため」の英文法』．東進ブックス

岡部幸枝・松本 茂（編著）（2010）．『高等学校新学習指導要領の展開（外国語科英語編）』．明治図書出版

門田修平（編集）（2010）．『英語リーディング指導ハンドブック』．大修館書店

門田修平・泉恵美子（2016）．『英語スピーキング指導ハンドブック』．大修館書店

金谷 憲他（2011）．『高校英語授業を変える！訳読オンリーから抜け出す 3 つの授業モデル』．アルク

金谷 憲（2015）．『中学英文法で大学英語入試は 8 割解ける !』アルク選書

金谷 憲（監修・著）（2017）．『英語運用力が伸びる 5 ラウンドシステムの英語授業』．大修館書店

金谷 憲, & 堤 孝．（2017）．『レッスンごとに教科書の扱いを変える TANABU Model とは』．アルク

金谷 憲（編著）．（2023）．『中高ギャップを埋める 高校の英語授業 6 つの改善策』．大修館書店

菅 正隆（編集・著）．（2023）．『英語授業の「個別最適な学び」と「協働的な学び」小・中学校の授業アイデア 36』．明治図書出版

大下邦幸（2001）．『コミュニカティブ・クラスの理論と実践』東京書籍

佐々木啓成（2020）．『リテリングを活用した英語指導—理解した内容を自分の言葉で発信する』．大修館書店

靜 哲人（2009）．『英語授業の心・技・体』．研究社

鈴木寿一・門田 修平（2012）．『英語音読指導ハンドブック—フォニックスからシャドーイングまで』．大修館書店

髙島英幸（2000）．『実践的コミュニケーション能力のための英語のタスク活動と文法指導』．大修館書店

瀧沢広人, 大塚謙二, 胡子美由紀, & 畑中 豊（2020）．『4 達人に学ぶ！究極の英語授業づくり & 活動アイデア』（目指せ！英語授業の達人 38）明治図書出版

瀧沢広人・渡部正実（2022）．『指導のアイデア満載！英語授業のタブレット活用』．学陽書房

瀧沢広人 & 山﨑 寛己（2023）．『話せる！書ける！英語言語活動アイデア & ワーク 66』（中学校英語サポート BOOKS）．明治図書出版

田尻悟郎（2009）．『（英語）授業改革論』．教育出版

土屋進一（2017）．「入試問題を用いた教科横断授業（生物×英語）」『CHART NETWORK 83 号』．数研出版

土屋進一（2018）．「『ELEMENT Ⅰ』を用いた生物×英語の教科横断型授業」．啓林館ホームページ 授業実践記録

土屋進一（2018）．「英語の仮定法と古文の反実仮想による教科横断授業」『CHART NETWORK 86 号』．数研出版

土屋進一（2019）．「主体的で深い学びを促す英語プレゼンテーション授業」『英語教育 6 月号』．大修館書店

土屋進一（2019）．「ELEMENT Ⅰを用いた CLIL 型授業（世界史×英語）」．啓林館ホームページ 授業実践記録

土屋進一（2019）．「主体的・対話的で深い学びを促す模擬国連を取り入れた授業」『CHART NETWORK 89 号』．数研出版

土屋進一（2020）．「家庭科×生物×英語の教科横断型授業」啓林館ホームページ 授業実践記録

土屋進一（2020）．「教員が研修で学ぶ意義」一般財団法人英語教育協議会 ELEC

土屋進一（2020）．「SDGs を取り入れた英語プレゼンテーションの授業」『CHART NETWORK 91 号』．数研出版

土屋進一（2020）．「『MY WAY English Communication Ⅱ New Edition』－〔思考力・判断力・表現力〕を促す具体的指導例」．三省堂ホームページ 授業レポートプラス

土屋進一（2020）．「緊急事態宣言下で英語授業はどのように行われたか」『英語教育 8 月号』．大修館書店

土屋進一（2020）．「双方向のやり取りを活かした高校でのオンライン授業」『英語教育 10 月号別冊』．大修館書店

土屋進一（2020）．「思考力・判断力・表現力を促す Writing 指導の工夫」．『CHART NETWORK 93 号』．数研出版

土屋進一（2021）．「教室での『マシュマロチャレンジ』を通して得た学びと今後の教育のあり方」『英語教育 1 月号』．大修館書店

土屋進一（2021）．「物理×英語の CLIL・教科横断型授業」．啓林館ホームページ 授業実践記録

土屋進一（2021）．「授業アンケートに基づく授業改善の一考察」『CHART NETWORK 94 号』．数研出版

土屋進一（2021）．「集合（set）の考え方を用いた数学×英語の教科横断授業」．啓林館ホームページ授業実践記録

土屋進一（2021）．「教科横断的な視点に立った物理・数学と英語の連携授業」『英語教育 10 月号』70–71 頁 , 大修館書店

土屋進一（2021）．「言語習得の 3 要素を促す教科横断型授業の実践〜主体的・対話的で深い学びの実現のために〜」『CHART NETWORK 96 号』．数研出版

土屋進一（2021）．「鳥取県〔新しい学びの創造事業『主体的・対話的で深い学び』教員スキルアップ事業〕の実践報告」．東京書籍 E ネット英語実践事例シリーズ No.1

土屋進一（2022）．「『総合的な探究の時間』で英語教師としてできること」．東京書籍 E ネット 英語実践事例シリーズ No.2

土屋進一（2022）．「『論理・表現』の授業で大切にしたい 3 つのこと」．東京書籍 E ネット 英語実践事例シリーズ No.3

土屋進一（2022）．「仮定法の運用に焦点を当てた日本史×英語の教科横断型授業」．啓林館ホームページ 授業実践記録

土屋進一（2022）．「新年度の授業開きで大切にしたい 5 つの視点」．東京書籍 E ネット 英語実践事例シリーズ No.4

土屋進一（2022）．「効率の良い授業準備と授業の『型』のつくりかた」．東京書籍 E ネット 英語実践事例シリーズ No.5

土屋進一（2022）．「教育実習生の指導を通しての学び」．東京書籍 E ネット 英語実践事例シリーズ No.6

土屋進一（2022）．「英語教師のための授業改善の具体的方法」．東京書籍 E ネット 英語実践事例シリーズ No.7

土屋進一（2022）．「教師自身の英語力の高め方」．東京書籍 E ネット 英語実践事例シリーズ No.8

土屋進一（2022）．「主体的・対話的で深い学びを促す発問中心の授業」．東京書籍 E ネット 英語実践事例シリーズ No.9

土屋進一（2022）．「『源氏物語』〔桐壺〕を用いた古文×英語の教科横断型授業」『CHART NETWORK 98 号』．数研出版

土屋進一（2022）．「ICT を活用し生徒が活き活きと活動できる英語授業」．東京書籍 E ネット 英語実践事例シリーズ No.10

土屋進一（2022）．「高校教師が中学英語の指導を通して気づいたこと」．東京書籍 E ネット 英語実践事例シリーズ No.11

土屋進一（2023）．「ICT を活用した『Revised ELEMENT Ⅲ』の授業」．啓林館ホームページ 授業実践記録

土屋進一（2023）．「共通テスト試作問題の着眼点と指導への示唆」．東京書籍 E ネット 英語実践事例シリーズ No.13

土屋進一（2023）．「受験期における『読解力と表現力を高める SDGs 英語長文』を用いた指導例」．三省堂ホームページ

土屋進一（2023）．「東京大学の入試問題から見る現代社会」．東京書籍 E ネット 英語実践事例シリーズ No.14

土屋進一（2023）．「導入 1 年目の『論理・表現』を指導して見えたこと」．東京書籍 E ネット 英語実践事例シリーズ No.15

土屋進一（2023）．「学習者エンゲージメントを高めるには」．東京書籍 E ネット 英語実践事例シリーズ No.16

土屋進一（2023）．「教科横断による新しい入試への対応 - 早稲田大学政治経済学部 総合問題へのアプローチ -」．東京書籍 E ネット英語実践事例シリーズ No.17

土屋進一（2023）．「非認知能力を育む英語授業実践例」．東京書籍 E ネット英語実践事例シリーズ No.20

土屋進一（2023）．「理数探究×英語ニュース：興味・関心を喚起する」．東京書籍 E ネット 英語実践事例シリーズ No.21

土屋進一（2023）．「ChatGPT と英語教育の未来―AI がもたらす驚きの効果と学びの変革―」．東京書籍 E ネット 英語実践事例シリーズ No.18

土屋進一（2023）．「スピーキング力を磨く！英検面接指導で得た効果的な指導のヒント」．東京書籍 E ネット 英語実践事例シリーズ No.19

土屋進一（2023）．「新学習指導要領に基づいた 3 つの指導実践例」．KATE News letter 関東甲信越英語教育学会編集委員会

土屋進一（2023）．「非認知能力を育む英語授業実践例」．東京書籍 E ネット 英語実践事例シリーズ No.20

土屋進一（2023）．「理数探究×英語ニュース：興味・関心を喚起する」．東京書籍 E ネット 英語実践事例シリーズ No.21

土屋進一（2023）．「新しい学習指導要領に基づく論理・表現の文法指導」．東京書籍 E ネット 英語実践事例シリーズ No.22

土屋進一（2024）．「未来を拓く英語教育：新学習指導要領に基づく授業実践」．一般財団法人英語教育協議会 ELEC

土屋進一（2024）．「「論理・表現」の授業における文法指導の一工夫：生徒主体の Grammar プレゼンテーションの可能性」．東京書籍 E ネット英語実践事例シリーズ No.23

土屋進一（2024）．「深い学びを促し自己表現につなげる物語文の授業」．国際教育ナビホームページ

土屋進一（2024）．「スキーマを活用した物理と英語の教科横断型授業の効果」．一般財団法人英語教育協議会 ELEC

土屋進一（2024）．「クリエイティブクラス立ち上げまでの軌跡と今後」．一般財団法人英語教育協議会 ELEC

土屋進一（2025）．「ピンポンディベートのススメ：英語による発信力強化のための効果的手法」．啓林館ホームページ 授業実践記録

中田達也他（2022）．『英語学習の科学』．研究社

布村奈緒子（2017）．『テキスト不要の英語勉強法「使える英語」を身につけた人がやっていること』．KADOKAWA

酒井英樹他（2018）．『「学ぶ・教える・考える」ための実践的英語科教育法』．大修館書店

廣森友人（2023）．「英語に苦手意識のある学習者をどう動機づけるか？ 3 つのポイントから」『英語教育 9 月号』22–23 頁, 大修館書店

廣森友人（2023）．『改訂版　英語学習のメカニズム　第二言語習得研究にもとづく効果的な勉強法』．大修館書店

廣森友人・和田 玲（2024）．『エンゲージメントを促す英語授業　やる気と行動をつなぐ新しい動機づけ概念』．大修館書店

マーサー, S.・ドルニェイ, Z.（著）、鈴木章能・和田玲（訳）（2022）．『外国語学習者エンゲージメント　主体的学びを引き出す英語授業』．アルク

三浦 孝・中嶋洋一・池岡 慎（2006）．『ヒューマンな英語授業がしたい！かかわる、つながるコミュニケーション活動をデザインする』．研究社

宮田純也編著（2023）．『ＳＣＨＯＯＬ　ＳＨＩＦＴ あなたが未来の「教育」を体現する』．明治図書出版

村野井 仁（2006）．『第二言語習得研究から見た効果的な英語学習法・指導法』．大修館書店

安河内哲也（2024）．『高校生が感動した英語独習法』．PHP 研究所

和田玲（2022）．「学習者エンゲージメント（夢中）を引き出す授業の原理」『英語教育 11 月号』40–41 頁 , 大修館書店

中嶋洋一編著（2023）『英語教師の授業デザイン力を高める 3 つの力―読解力・要約力・編集力―』大修館書店

和泉伸一編著（2024）『実践例に学ぶ！ CLIL で広がる英語授業』大修館書店

山本崇雄著（2015）『はじめてのアクティブ・ラーニング！　英語授業』学陽書房

山本崇雄（2019）．『「教えない授業」の始め方』．アルク

授業動画

土屋進一・加藤 礼（2018）．「教科横断型授業：英語×生物〜つながることの UMAMI 〜」Find! アクティブラーナー.
https://www.youtube.com/watch?v=VWrLGqWgmmk

土屋進一・片山 哲（2020）．「教科横断型授業：英語×物理〜 "speed" と "velocity" の理解への「加速」」Find! アクティブラーナー.

土屋進一・杼原大貴（2020）．「教科横断型授業：英語×数学〜 "set" で深める集合・部分集合〜」Find! アクティブラーナー.

土屋進一・中澤美智子 (2022).『VIEW next』高校版 2022 年度 4 月号【誌面連動】「他教科の学習内容を英語で学ぶ授業で、生徒の思考を深め、複眼的な視野を養う」ベネッセ.
https://www.youtube.com/watch?v=nfET5Ww-TFk

土屋進一・高橋宏和 (2023).「教科横断型授業：英語×日本史〜紙幣で学ぶ日本の歴史と英語の仮定法」Find! アクティブラーナー.

土屋進一 (2023).「Google Workspace を『どのタイミングで』『どのように』使うか 〜授業の効果性を高める 3 つの活用事例」[英語]Find! アクティブラーナー.

講演動画

土屋進一 (2019).「第 8 回アクティブラーニングフォーラム in 福島」(講演) Find! アクティブラーナー.

インタビュー動画

Tsuchiya, Shinichi (2024). Cross Curricular Teaching – ELEC Interview. https://www.elec.or.jp/research_report/7218.

参考映像

ダックワース，アンジェラ・リー (2013).『成功のカギは，やり抜く力』. TEDx, 2013. YouTube, https://www.youtube.com/watch?v=H14bBuluwB8.

ビア，トム (2010).『マシュマロチャレンジ』. TEDx, 2010. YouTube, https://www.youtube.com/watch?v=5XHThIYk2D8.

教科書

卯城祐司（編）. (2022).『ELEMENT English Communication I』. 啓林館

森住衛（編）. (2017).『MY WAY English Communication II New Edition』(平成 29 年度版). 三省堂

笠島準一（編）. (2018).『NEW HORIZON 3』. 東京書籍

長沼君主（編）. (2022).『Factbook 1』. 桐原書店

〈著者紹介〉

土屋進一（つちや しんいち）

大学卒業後、学習塾に就職。その後、大学院に進学し、西武学園文理中学高等学校に21年間勤務。英語教育誌等に執筆活動を行うとともに、ELEC英語教育研修会や神田外語英語教育公開講座などで講師を務めるほか、多くの研修会、講演・セミナーに登壇。講演実績は全国11都県で計63回（2024年現在）に及ぶ。また、数多くのインタビューや取材を受けており、公開授業や示範授業にも招聘されている。2024年より西武文理大学専任講師。

塾、中学、高校、大学での授業経験者が語る
日本の英語教育のゆくえ

2025年4月25日　第1刷発行

著　者　　土屋進一
発行人　　久保田貴幸

発行元　　株式会社 幻冬舎メディアコンサルティング
　　　　　〒151-0051　東京都渋谷区千駄ヶ谷4-9-7
　　　　　電話　03-5411-6440 (編集)

発売元　　株式会社 幻冬舎
　　　　　〒151-0051　東京都渋谷区千駄ヶ谷4-9-7
　　　　　電話　03-5411-6222 (営業)

印刷・製本　中央精版印刷株式会社
装　丁　　村上次郎

検印廃止
©SHINICHI TSUCHIYA, GENTOSHA MEDIA CONSULTING 2025
Printed in Japan
ISBN 978-4-344-69268-8 C0082
幻冬舎メディアコンサルティングＨＰ
https://www.gentosha-mc.com/

※落丁本、乱丁本は購入書店を明記のうえ、小社宛にお送りください。
送料小社負担にてお取替えいたします。
※本書の一部あるいは全部を、著作者の承諾を得ずに無断で複写・複製することは
禁じられています。
定価はカバーに表示してあります。